Meinem lieben Ernst zum
9.7. 1974
Vater

Immanuel Kant, geboren am 22. 4. 1724 in Königsberg, ist am 12. 2. 1804 dort gestorben.

Das Brevier oder *breviarium* hat eine ehrwürdige Tradition, die bis in die Antike zurückreicht. Es ist ein Auszug aus einem größeren Werk, eine Auswahl unter bestimmten Kriterien.

Natürlich kann eine Auswahl aus dem Werk Kants niemals die genaue Beschäftigung mit seiner Philosophie ersetzen. Sie vermag aber sehr wohl, einen ersten Zugang zu vermitteln.

Im Mittelpunkt der Auswahl steht der Mensch aus der Sicht der kantischen Philosophie als erkennendes, sittliches, transzendierendes, ästhetisches, geschichtlich-politisches und als humanes Wesen. So wird die Auswahl des Kant-Herausgebers Wilhelm Weischedel zu einem philosophischen Lesebuch für freie Minuten, das auch dem mit der Philosophie Kants nicht Vertrauten erste Orientierungshilfe bietet.

Unter diesen Auspizien könnte das *Kant-Brevier* so etwas werden wie ein *Kant-Reader,* eine Vorschule für die intensive Beschäftigung mit einem der größten deutschen Philosophen, dessen Geburtstag sich in diesem Jahr zum 250.mal jährt.

Wilhelm Weischedel, seit langen Jahren Professor der Philosophie in Tübingen und Berlin, ist besonders durch seine zahlreichen Arbeiten auf dem Gebiet der Ethik, Ästhetik, Metaphysik, Religionsphilosophie und der Geschichte der Philosophie bekannt.

1956 begann er mit der Herausgabe der Werke Immanuel Kants, die jetzt in einer 12 bändigen Werkausgabe im Suhrkamp Verlag (1968) und einer 6 bändigen Insel-Dünndruckausgabe (1964) vorliegen.

Die Ausgaben sind textidentisch.

insel taschenbuch 61

Kant-Brevier

KANT-BREVIER

Ein philosophisches Lesebuch
für freie Minuten
Herausgegeben
von Wilhelm Weischedel

INSEL

insel taschenbuch 61
1. Auflage 1974

Erstausgabe

Vertrieb durch den Suhrkamp Taschenbuch Verlag
Umschlag nach Entwürfen von Willy Fleckhaus
Satz: Libripresse, Kriftel · Druck: Ebner, Ulm
Printed in Germany

Kant-Brevier

Koenigsberg 1760
H. Schnorr v K.
d. Leben

I.
Der Mensch als erkennendes Wesen

1. Aufklärung

Aufklärung ist der Ausgang des Menschen aus seiner selbst verschuldeten Unmündigkeit. Unmündigkeit ist das Unvermögen, sich seines Verstandes ohne Leitung eines anderen zu bedienen. Selbstverschuldet ist diese Unmündigkeit, wenn die Ursache derselben nicht am Mangel des Verstandes, sondern der Entschließung und des Mutes liegt, sich seiner ohne Leitung eines andern zu bedienen. Sapere aude! Habe Mut, dich deines eigenen Verstandes zu bedienen! ist also der Wahlspruch der Aufklärung. (VI 53)

Faulheit und Feigheit sind die Ursachen, warum ein so großer Teil der Menschen, nachdem sie die Natur längst von fremder Leitung frei gesprochen, dennoch gerne zeitlebens unmündig bleiben und warum es anderen so leicht wird, sich zu deren Vormündern aufzuwerfen. Es ist so bequem, unmündig zu sein. Habe ich ein Buch, das für mich Verstand hat, einen Seelsorger, der für mich Gewissen hat, einen Arzt, der für mich die Diät beurteilt, usw.: so brauche ich mich ja nicht selbst zu bemühen. Ich habe nicht nötig zu denken, wenn ich nur bezahlen kann; andere werden das verdrießliche Geschäft schon für mich übernehmen. Daß der bei weitem größte Teil der Menschen (darunter das ganze schöne Geschlecht) den Schritt zur Mündigkeit, außer dem, daß er beschwerlich ist, auch für sehr gefährlich halte: dafür sorgen schon jene Vormünder, die die Oberaufsicht über sie gütigst auf sich genommen haben. Nachdem sie ihr Hausvieh zuerst dumm gemacht haben und sorgfältig verhüteten, daß diese ruhigen Geschöpfe ja keinen Schritt außer dem Gängelwagen, darin sie sie einsperreten, wagen durften:

so zeigen sie ihnen nachher die Gefahr, die ihnen drohet, wenn sie es versuchen, allein zu gehen. (VI 53f.)

Ein Mensch kann zwar für seine Person und auch alsdann nur auf einige Zeit, in dem, was ihm zu wissen obliegt, die Aufklärung aufschieben; aber auf sie Verzicht zu tun, es sei für seine Person, mehr aber noch für die Nachkommenschaft, heißt die heiligen Rechte der Menschheit verletzen und mit Füßen treten. (VI 58)

Zu dieser Aufklärung wird nichts erfordert als Freiheit, und zwar die unschädlichste unter allem, was nur Freiheit heißen mag, nämlich die: von seiner Vernunft in allen Stücken öffentlichen Gebrauch zu machen. Nun höre ich aber von allen Seiten rufen: räsonniert nicht! Der Offizier sagt: räsonniert nicht, sondern exerziert! Der Finanzrat: räsonniert nicht, sondern bezahlt! Der Geistliche: räsonniert nicht, sondern glaubt! (Nur ein einziger Herr in der Welt sagt: räsonniert, so viel ihr wollt und worüber ihr wollt; aber gehorcht!) Hier ist überall Einschränkung der Freiheit. (VI 55)

Es würde sehr verderblich sein, wenn ein Offizier, dem von seinen Oberen etwas anbefohlen wird, im Dienste über die Zweckmäßigkeit oder Nützlichkeit dieses Befehls laut vernünfteln wollte; er muß gehorchen. Es kann ihm aber billigermaßen nicht verwehrt werden, als Gelehrter über die Fehler im Kriegesdienste Anmerkungen zu machen und diese seinem Publikum zur Beurteilung vorzulegen. Der Bürger kann sich nicht weigern, die ihm auferlegten Abgaben zu leisten; sogar kann ein vorwitziger Tadel solcher Auflagen, wenn sie von ihm geleistet werden sollen, als ein Skandal (der allgemeine Widersetzlichkeiten veranlassen könnte) bestraft werden. Eben derselbe handelt demohngeachtet der Pflicht eines Bürgers nicht entgegen, wenn er, als Gelehrter, wider die Unschicklichkeit oder auch Ungerechtigkeit solcher Ausschreibungen öffentlich seine Gedanken äußert. Eben so ist ein Geistlicher verbunden, seinen Katechismusschülern und seiner Gemeine nach dem Symbol der Kirche, der er dient, seinen Vortrag zu tun; denn er ist auf diese Bedingung angenommen worden. Aber als Gelehrter hat er volle Freiheit, ja sogar den Beruf dazu, alle seine sorgfältig geprüften und wohlmeinenden Gedanken über das Fehlerhafte in jenem Symbol und Vorschläge wegen besserer Einrichtung des Religions- und Kirchenwesens dem Publikum mitzuteilen. (VI 56)

2. Die Wissenschaft und der Gelehrte

Eine jede Lehre, wenn sie ein System, d.i. ein nach Prinzipien geordnetes Ganzes der Erkenntnis sein soll, heißt Wissenschaft. (V 11)

Eigentliche Wissenschaft kann nur diejenige genannt werden, deren Gewißheit apodiktisch ist; Erkenntnis, die bloß empirische Gewißheit enthalten kann, ist ein nur uneigentlich so genanntes Wissen. (V 12)

Für die Klasse der Denker können folgende Maximen nicht zu unwandelbaren Geboten gemacht werden: 1. Selbst denken. – 2. Sich (in der Mitteilung mit Menschen) in die Stelle jedes anderen zu denken. – 3. Jederzeit mit sich selbst einstimmig zu denken. (VI 549)

Es ist besser, wenig, aber dieses Wenige gründlich zu wissen, als viel und obenhin, denn endlich wird man doch das Seichte in diesem letztern Falle gewahr. (VI 748)

Man kann ein vaster Gelehrter (Maschine zur Unterweisung anderer, wie man selbst unterwiesen worden) und, in Ansehung des vernünftigen Gebrauchs seines historischen Wissens, dabei doch sehr borniert sein. (VI 422)

Büchergelehrsamkeit vermehrt zwar die Kenntnisse, aber erweitert nicht den Begriff und die Einsicht, wo nicht Vernunft dazu kommt. (VI 548)

Ein unter seinen Büchern begrabener Gelehrter antwortete auf das Geschrei eines Bedienten, es sei in einem der Zimmer Feuer: »ihr wißt, daß dergleichen Dinge für meine Frau gehören«. (VI 523)

Die untern Kräfte haben für sich allein keinen Wert, z. E. ein Mensch, der viel Gedächtnis, aber keine Beurteilungskraft hat. Ein solcher ist dann ein lebendiges Lexikon. Auch solche Lastesel des Parnasses sind nötig, die, wenn sie gleich selbst nichts Gescheites leisten können, doch Materialien herbeischleppen, damit andere etwas Gutes daraus zu Stande bringen können. (VI 731)

Der Trieb zur Wissenschaft, als einer die Menschheit veredelnden Kultur, hat im Ganzen der Gattung keine Proportion zur Lebensdauer. Der Gelehrte, wenn er bis dahin in der Kultur vorgedrungen ist, um das Feld derselben selbst zu erweitern, wird durch den Tod abgerufen, und seine Stelle nimmt der ABC-Schüler ein, der kurz vor seinem Lebensende, nachdem er eben so einen Schritt weiter getan hat, wiederum seinen Platz einem andern überläßt. (VI 679)

3. Die Philosophie und der Philosoph

Philosophie ist das System der philosophischen Erkenntnisse oder der Vernunfterkenntnisse aus Begriffen. Das ist der Schulbegriff von dieser Wissenschaft. Nach dem Weltbegriffe ist sie die Wissenschaft von den letzten Zwecken der menschlichen Vernunft. Dieser hohe Begriff gibt der Philosophie Würde, d.i. einen absoluten Wert. Und wirklich ist sie es auch, die allein nur innern Wert hat und allen andern Erkenntnissen erst einen Wert gibt. (III 446)

Das Feld der Philosophie in dieser weltbürgerlichen Bedeutung läßt sich auf folgende Fragen bringen: 1. Was kann ich wissen? – 2. Was soll ich tun? – 3. Was darf ich hoffen? – 4. Was ist der Mensch? (III 447 f.)

Da es doch, objektiv betrachtet, nur Eine menschliche Vernunft geben kann: so kann es auch nicht viel Philosophien geben, d.i. es ist nur Ein wahres System derselben aus Prinzipien möglich, so mannigfaltig und oft widerstreitend man auch über einen und denselben Satz philosophiert haben mag. (IV 311)

Was den Philosophen betrifft, so kann man ihn gar nicht als Arbeiter am Gebäude der Wissenschaften, d.i. nicht als Gelehrten, sondern muß ihn als Weisheitsforscher betrachten. (VI 619)

Die wahre Weisheit ist die Begleiterin der Einfalt. (I 988)

Dem Toren ist der gescheite Mann entgegengesetzt; wer aber ohne Torheit ist, ist ein Weiser. Dieser Weise kann etwa im Monde gesucht werden; vielleicht, daß man daselbst ohne Leidenschaft ist und unendlich viel Vernunft hat. (I 890)

Man kann niemals Philosophie (es sei denn historisch), sondern, was die Vernunft betrifft, höchstens nur philosophieren lernen. (II 699)

Zu einem Philosophen gehören hauptsächlich zwei Dinge: 1. Kultur des Talents und der Geschicklichkeit, um sie zu allerlei Zwecken zu gebrauchen. 2. Fertigkeit im Gebrauch aller Mittel zu beliebigen Zwecken. Beides muß vereiniget sein; denn ohne Kenntnisse wird man nie ein Philosoph werden, aber nie werden auch Kenntnisse allein den Philosophen ausmachen, wofern nicht eine zweckmäßige Verbindung aller Erkenntnisse und Geschicklichkeiten zur Einheit hinzukommt und eine Einsicht in die Übereinstimmung derselben mit den höchsten Zwecken der menschlichen Vernunft. Es kann sich überhaupt keiner einen Philosophen nennen, der nicht philosophieren kann. Philosophieren läßt sich aber nur durch Übung und selbsteigenen Gebrauch der Vernunft lernen. (III 448)

Der wahre Philosoph muß also als Selbstdenker einen freien und selbsteigenen, keinen sklavisch nachahmenden Gebrauch von seiner Vernunft machen. (III 449)

Konsequent zu sein, ist die größte Obliegenheit eines Philosophen und wird doch am seltensten angetroffen.

(IV 132)

Es gibt Gelehrte, denen die Geschichte der Philosophie (der alten sowohl, als neuen) selbst ihre Philosophie ist.

(III 113)

Die Philosophie muß (therapeutisch) als Arzeneimittel wirken, zu dessen Gebrauch dann Dispensatorien und Ärzte (welche letztere aber auch allein diesen Gebrauch zu verordnen berechtigt sind) erfordert werden: wobei die Polizei darauf wachsam sein muß, daß zunftgerechte Ärzte und nicht bloße Liebhaber sich anmaßen anzuraten, welche Philosophie man studieren solle, und so in einer Kunst, von der sie nicht die ersten Elemente kennen, Pfuscherei treiben. (III 406f.)

4. Die Metaphysik

Metaphysik, sowohl der Natur, als der Sitten, vornehmlich die Kritik der sich auf eigenen Flügeln wagenden Vernunft, welche vorübend (propädeutisch) vorhergeht, machen eigentlich allein dasjenige aus, was wir im echten Verstande Philosophie nennen können. (II 708)

Gott, Freiheit und Seelenunsterblichkeit sind diejenigen Aufgaben, zu deren Auflösung alle Zurüstungen der Metaphysik, als ihrem letzten und alleinigen Zwecke, abzielen. (V 604)

Dieser Endzweck, auf den die ganze Metaphysik angelegt ist, ist leicht zu entdecken und kann in dieser Rücksicht eine Definition derselben begründen: »sie ist die Wissenschaft, von der Erkenntnis des Sinnlichen zu der des Übersinnlichen durch die Vernunft fortzuschreiten«. (III 590)

Die Metaphysik, in welche ich das Schicksal habe verliebt zu sein, ob ich mich gleich von ihr nur selten einiger Gunstbezeugungen rühmen kann, leistet zweierlei Vorteile. Der erste ist, den Aufgaben ein Genüge zu tun, die das forschende Gemüt aufwirft, wenn es verborgenern Eigenschaften der Dinge durch Vernunft nachspähet. Aber hier täuscht der Ausgang nur gar zu oft die Hoffnung. Der andre Vorteil ist der Natur des menschlichen Verstandes mehr angemessen und besteht darin: einzusehen, ob die Aufgabe aus demjenigen, was man wissen kann, auch bestimmt sei und welches Verhältnis die

Frage zu den Erfahrungsbegriffen habe, darauf sich alle unsre Urteile jederzeit stützen müssen. In so ferne ist die Metaphysik eine Wissenschaft von den Grenzen der menschlichen Vernunft, und da ein kleines Land jederzeit viel Grenze hat, überhaupt auch mehr daran liegt, seine Besitzungen wohl zu kennen und zu behaupten, als blindlings auf Eroberungen auszugehen, so ist dieser Nutzen der erwähnten Wissenschaft der unbekannteste und zugleich der wichtigste, wie er denn auch nur ziemlich spät und nach langer Erfahrung erreichet wird.

(II 982f.)

Metaphysik ist vielleicht mehr, wie irgend eine andere Wissenschaft, durch die Natur selbst ihren Grundzügen nach in uns gelegt und kann gar nicht als das Produkt einer beliebigen Wahl oder als zufällige Erweiterung beim Fortgange der Erfahrungen (von denen sie sich gänzlich abtrennt) angesehen werden. (III 228)

Metaphysik ist, wenn gleich nicht als Wissenschaft, doch als Naturanlage wirklich. Denn die menschliche Vernunft geht unaufhaltsam, ohne daß bloße Eitelkeit des Vielwissens sie dazu bewegt, durch eigenes Bedürfnis getrieben bis zu solchen Fragen fort, die durch keinen Erfahrungsgebrauch der Vernunft und daher entlehnte Prinzipien beantwortet werden können, und so ist wirklich in allen Menschen, so bald Vernunft sich in ihnen bis zur Spekulation erweitert, irgend eine Metaphysik zu aller Zeit gewesen und wird auch immer darin bleiben.

(II 60)

5. Die Not der Metaphysik

Die menschliche Vernunft hat das besondere Schicksal in einer Gattung ihrer Erkenntnisse: daß sie durch Fragen belästigt wird, die sie nicht abweisen kann, denn sie sind ihr durch die Natur der Vernunft selbst aufgegeben, die sie aber auch nicht beantworten kann, denn sie übersteigen alles Vermögen der menschlichen Vernunft. In diese Verlegenheit gerät sie ohne ihre Schuld. Sie fängt von Grundsätzen an, deren Gebrauch im Laufe der Erfahrung unvermeidlich und zugleich durch diese hinreichend bewährt ist. Mit diesen steigt sie (wie es auch ihre Natur mit sich bringt) immer höher, zu entferneteren Bedingungen. Da sie aber gewahr wird, daß auf diese Art ihr Geschäfte jederzeit unvollendet bleiben müsse, weil die Fragen niemals aufhören, so sieht sie sich genötigt, zu Grundsätzen ihre Zuflucht zu nehmen, die allen möglichen Erfahrungsgebrauch überschreiten und gleichwohl so unverdächtig scheinen, daß auch die gemeine Menschenvernunft damit im Einverständnisse stehet. Dadurch aber stürzt sie sich in Dunkelheit und Widersprüche, aus welchen sie zwar abnehmen kann, daß irgendwo verborgene Irrtümer zum Grunde liegen müssen, die sie aber nicht entdecken kann, weil die Grundsätze, deren sie sich bedient, da sie über die Grenze aller Erfahrung hinausgehen, keinen Probierstein der Erfahrung mehr anerkennen. Der Kampfplatz dieser endlosen Streitigkeiten heißt nun Metaphysik. Es war eine Zeit, in welcher sie die Königin aller Wissenschaften genannt wurde, und, wenn man den Willen für die Tat nimmt, so verdiente sie, wegen der vorzüglichen Wichtigkeit ihres Gegenstandes, allerdings diesen Ehrennamen. Jetzt bringt es der Modeton des Zeitalters so mit sich, ihr alle Verachtung zu beweisen. (II 11)

Jetzt, nachdem alle Wege (wie man sich überredet) vergeblich versucht sind, herrscht Überdruß und gänzlicher Indifferentism, die Mutter des Chaos und der Nacht, in Wissenschaften, aber doch zugleich der Ursprung, wenigstens das Vorspiel einer nahen Umschaffung und Aufklärung derselben, wenn sie durch übel angebrachten Fleiß dunkel, verwirrt und unbrauchbar geworden. Es ist nämlich umsonst, Gleichgültigkeit in Ansehung solcher Nachforschungen erkünsteln zu wollen, deren Gegenstand der menschlichen Natur nicht gleichgültig sein kann. (II 12)

Alle falsche Kunst, alle eitele Weisheit dauert ihre Zeit; denn endlich zerstört sie sich selbst, und die höchste Kultur derselben ist zugleich der Zeitpunkt ihres Unterganges. Daß in Ansehung der Metaphysik diese Zeit jetzt da sei, beweiset der Zustand, in welchen sie bei allem Eifer, womit sonst Wissenschaften aller Art bearbeitet werden, unter allen gelehrten Völkern verfallen ist. Die alte Einrichtung der Universitätsstudien erhält noch ihren Schatten, eine einzige Akademie der Wissenschaften bewegt noch dann und wann durch ausgesetzte Preise, ein und anderen Versuch darin zu machen, aber unter gründliche Wissenschaften wird sie nicht mehr gezählet, und man mag selbst urteilen, wie etwa ein geistreicher Mann, den man einen großen Metaphysiker nennen wollte, diesen wohlgemeinten, aber kaum von jemandem beneideten Lobspruch aufnehmen würde. (III 244)

Indessen ist diese Gleichgültigkeit, die sich mitten in dem Flor aller Wissenschaften ereignet und gerade diejenige trifft, auf deren Kenntnisse, wenn dergleichen zu haben wären, man unter allen am wenigsten Verzicht tun würde, doch ein Phänomen, das Aufmerksamkeit und Nachsinnen verdient. Sie ist offenbar die Wirkung nicht des Leichtsinns, sondern der gereiften Urteilskraft des Zeitalters, welches sich nicht länger durch Scheinwissen hinhalten läßt, und eine Aufforderung an die Vernunft, das beschwerlichste aller ihrer Geschäfte, nämlich das der Selbsterkenntnis, aufs neue zu übernehmen und einen Gerichtshof einzusetzen, der sie bei ihren gerechten Ansprüchen sichere, dagegen aber alle grundlosen Anmaßungen, nicht durch Machtsprüche, sondern nach ihren ewigen und unwandelbaren Gesetzen, abfertigen könne, und dieser ist kein anderer als die Kritik der reinen Vernunft selbst. Ich verstehe aber hierunter nicht eine Kritik der Bücher und Systeme, sondern die des Vernunftvermögens überhaupt, in Ansehung aller Erkenntnisse, zu denen sie, unabhängig von aller Erfahrung, streben mag, mithin die Entscheidung der Möglichkeit oder Unmöglichkeit einer Metaphysik überhaupt und die Bestimmung sowohl der Quellen, als des Umfanges und der Grenzen derselben, alles aber aus Prinzipien. (II 12f.)

So viel ist gewiß: wer einmal Kritik gekostet hat, den ekelt auf immer alles dogmatische Gewäsche, womit er vorher aus Not vorlieb nahm, weil seine Vernunft etwas bedurfte und nichts Besseres zu ihrer Unterhaltung finden konnte. (III 243)

Durch Kritik wird unserem Urteil der Maßstab zugeteilt, wodurch Wissen von Scheinwissen mit Sicherheit unterschieden werden kann. (III 263)

Da sich die Nachfrage nach ihr *(der Metaphysik)* niemals verlieren kann, weil das Interesse der allgemeinen Menschenvernunft mit ihr gar zu innigst verflochten ist, so wird er *(der Leser)* gestehen, daß eine völlige Reform, oder vielmehr eine neue Geburt derselben, nach einem bisher ganz unbekannten Plane, unausbleiblich bevorstehe, man mag sich nun eine Zeitlang dagegen sträuben, wie man wolle. (III 115)

Daß der Geist des Menschen metaphysische Untersuchungen einmal gänzlich aufgeben werde, ist eben so wenig zu erwarten, als daß wir, um nicht immer unreine Luft zu schöpfen, das Atemholen einmal lieber ganz und gar einstellen würden. (III 245)

6. Das Scheitern der Metaphysik

Metaphysik, als Naturanlage der Vernunft, ist wirklich, aber sie ist auch für sich allein dialektisch und trüglich. (III 242)

Vom Übersinnlichen ist, was das spekulative Vermögen der Vernunft betrifft, keine Erkenntnis möglich. (III 610)

Das schlechthin Unbedingte wird in der Erfahrung gar nicht angetroffen. (II 473)

Ich werde dartun: daß die Vernunft vergeblich ihre Flügel ausspanne, um über die Sinnenwelt durch die bloße Macht der Spekulation hinaus zu kommen. (II 528)

Die Begriffe der Realität, der Substanz, der Kausalität, selbst die der Notwendigkeit im Dasein, haben, außer dem Gebrauche, da sie die empirische Erkenntnis eines Gegenstandes möglich machen, gar keine Bedeutung, die irgend ein Objekt bestimmete. Sie können also zwar zur Erklärung der Möglichkeit der Dinge in der Sinnenwelt, aber nicht der Möglichkeit eines Weltganzen selbst gebraucht werden, weil dieser Erklärungsgrund außerhalb der Welt und mithin kein Gegenstand einer möglichen Erfahrung sein müßte. (II 588)

In theoretischer Rücksicht kommen wir der Überzeugung vom Dasein Gottes, dem Dasein des höchsten Gutes und dem Bevorstehen eines künftigen Lebens durch die stärksten Anstrengungen der Vernunft nicht im mindesten näher, denn in die Natur übersinnlicher Gegenstände gibt es für uns gar keine Einsicht. (III 637f.)

Durch Metaphysik von der Kenntnis dieser Welt zum Begriffe von Gott und dem Beweise seiner Existenz durch sichere Schlüsse zu gelangen, ist darum unmöglich, weil wir diese Welt als das vollkommenste mögliche Ganze, mithin, zu diesem Behuf, alle möglichen Welten (um sie mit dieser vergleichen zu können) erkennen, mithin allwissend sein müßten, um zu sagen, daß sie nur durch einen Gott (wie wir uns diesen Begriff denken müssen) möglich war. Vollends aber die Existenz dieses Wesens aus bloßen Begriffen zu erkennen, ist schlechterdings unmöglich, weil ein jeder Existentialsatz, d.i. der, so von einem Wesen, von dem ich mir einen Begriff mache, sagt, daß es existiere, ein synthetischer Satz ist, d.i. ein solcher, dadurch ich über jenen Begriff hinausgehe und mehr von ihm sage, als im Begriffe gedacht war: nämlich daß diesem Begriffe im Verstande noch ein Gegenstand außer dem Verstande korrespondierend gesetzt sei, welches offenbar unmöglich ist, durch irgend einen Schluß herauszubringen. (IV 272)

Die unbedingte Notwendigkeit, die wir, als den letzten Träger aller Dinge, so unentbehrlich bedürfen, ist der wahre Abgrund für die menschliche Vernunft. Man kann sich des Gedankens nicht erwehren, man kann ihn aber auch nicht ertragen: daß ein Wesen, welches wir uns auch als das höchste unter allen möglichen vorstellen, gleichsam zu sich selbst sage: Ich bin von Ewigkeit zu Ewigkeit, außer mir ist nichts, ohne das, was bloß durch meinen Willen etwas ist; aber woher bin ich denn? Hier sinkt alles unter uns, und die größte Vollkommenheit, wie die kleinste, schwebt ohne Haltung bloß vor der spekulativen Vernunft, der es nichts kostet, die eine so wie die andere ohne das mindeste Hindernis verschwinden zu lassen. (II 543)

Ich bin zwar nicht der Meinung, welche vortreffliche und nachdenkende Männer so oft geäußert haben, da sie die Schwäche der bisherigen Beweise fühlten: daß man hoffen könne, man werde dereinst noch evidente Demonstrationen der zween Kardinalsätze unserer reinen Vernunft: es ist ein Gott, es ist ein künftiges Leben, erfinden. Vielmehr bin ich gewiß, daß dieses niemals geschehen werde. Denn, wo will die Vernunft den Grund zu solchen synthetischen Behauptungen, die sich nicht auf Gegenstände der Erfahrung und deren innere Möglichkeit beziehen, hernehmen? Aber es ist auch apodiktisch gewiß, daß niemals irgend ein Mensch auftreten werde, der das Gegenteil mit dem mindesten Scheine, geschweige dogmatisch behaupten könne. Denn, weil er dieses doch bloß durch reine Vernunft dartun könnte, so müßte er es unternehmen, zu beweisen: daß ein höchstes Wesen, daß das in uns denkende Subjekt, als reine Intelligenz, unmöglich sei. Wo will er aber die Kenntnisse hernehmen, die ihn, von Dingen über alle mögliche Erfahrung hinaus so synthetisch zu urteilen, berechtigten. Wir können also darüber ganz unbekümmert sein, daß uns jemand das Gegenteil einstens beweisen werde; daß wir darum eben nicht nötig haben, auf schulgerechte Beweise zu sinnen, sondern immerhin diejenigen Sätze annehmen können, welche mit dem spekulativen Interesse unserer Vernunft im empirischen Gebrauch ganz wohl zusammenhängen und überdem es mit dem praktischen Interesse zu vereinigen die einzigen Mittel sind. (II 633)

Ich behaupte, daß alle Versuche eines bloß spekulativen Gebrauchs der Vernunft in Ansehung der Theologie gänzlich fruchtlos und ihrer inneren Beschaffenheit nach null und nichtig sind; daß aber die Prinzipien ihres Naturgebrauchs ganz und gar auf keine Theologie führen, folglich, wenn man nicht moralische Gesetze zum Grunde legt oder zum Leitfaden braucht, es überall keine Theologie der Vernunft geben könne. (II 559)

7. Erfahrung und kopernikanische Wendung

Allein es ist einmal das Los des menschlichen Verstandes so bewandt: entweder er ist grüblerisch und gerät auf Fratzen, oder er haschet verwegen nach zu großen Gegenständen und bauet Luftschlösser. (I 610)

Nichts als die Nüchternheit einer strengen, aber gerechten Kritik kann von diesem dogmatischen Blendwerke, das so viele durch eingebildete Glückseligkeit, unter Theorien und Systemen, hinhält, befreien und alle unsere spekulativen Ansprüche bloß auf das Feld möglicher Erfahrung einschränken, nicht etwa durch schalen Spott über so oft fehlgeschlagene Versuche oder fromme Seufzer über die Schranken unserer Vernunft, sondern vermittelst einer nach sicheren Grundsätzen vollzogenen Grenzbestimmung derselben, welche ihr nihil ulterius mit größester Zuverlässigkeit an die herkulischen Säulen heftet, die die Natur selbst aufgestellet hat, um die Fahrt unserer Vernunft nur so weit, als die stetig fortlaufenden Küsten der Erfahrung reichen, fortzusetzen, die wir nicht verlassen können, ohne uns auf einen uferlosen Ozean zu wagen, der uns, unter immer trüglichen Aussichten, am Ende nötigt, alle beschwerliche und langwierige Bemühung als hoffnungslos aufzugeben.

(II 392f.)

Hohe Türme und die ihnen ähnlichen metaphysisch-großen Männer, um welche beide gemeiniglich viel Wind ist, sind nicht für mich. Mein Platz ist das fruchtbare Bathos der Erfahrung. (III 252)

Freilich fand es sich, daß, ob wir zwar einen Turm im Sinne hatten, der bis an den Himmel reichen sollte, der Vorrat der Materialien doch nur zu einem Wohnhause zureichte, welches zu unseren Geschäften auf der Ebene der Erfahrung gerade geräumig und hoch genug war, sie zu übersehen. (II 609)

Daß alle unsere Erkenntnis mit der Erfahrung anfange, daran ist gar kein Zweifel; denn wodurch sollte das Erkenntnisvermögen sonst zur Ausübung erweckt werden, geschähe es nicht durch Gegenstände, die unsere Sinne rühren und teils von selbst Vorstellungen bewirken, teils unsere Verstandestätigkeit in Bewegung bringen, diese zu vergleichen, sie zu verknüpfen oder zu trennen und so den rohen Stoff sinnlicher Eindrücke zu einer Erkenntnis der Gegenstände zu verarbeiten, die Erfahrung heißt? Der Zeit nach geht also keine Erkenntnis in uns vor der Erfahrung vorher, und mit dieser fängt alle an. Wenn aber gleich alle unsere Erkenntnis mit der Erfahrung anhebt, so entspringt sie darum doch nicht eben alle aus der Erfahrung. Denn es könnte wohl sein, daß selbst unsere Erfahrungserkenntnis ein Zusammengesetztes aus dem sei, was wir durch Eindrücke empfangen, und dem, was unser eigenes Erkenntnisvermögen (durch sinnliche Eindrücke bloß veranlaßt) aus sich selbst hergibt, welchen Zusatz wir von jenem Grundstoffe nicht eher unterscheiden, als bis lange Übung uns darauf aufmerksam und zur Absonderung desselben geschickt gemacht hat. Es ist also wenigstens eine der näheren Untersuchung noch benötigte und nicht auf den ersten Anschein sogleich abzufertigende Frage: ob es eine dergleichen von der Erfahrung und selbst von allen Eindrücken der Sinne unabhängige Erkenntnis gebe. Man nennt solche Erkenntnisse a priori und unterscheidet sie von den empirischen, die ihre Quellen a posteriori, nämlich in der Erfahrung, haben. (II 45)

Bisher nahm man an, alle unsere Erkenntnis müsse sich nach den Gegenständen richten; aber alle Versuche, über sie a priori etwas durch Begriffe auszumachen, wodurch unsere Erkenntnis erweitert würde, gingen unter dieser Voraussetzung zunichte. Man versuche es daher einmal, ob wir nicht in den Aufgaben der Metaphysik damit besser fortkommen, daß wir annehmen, die Gegenstände müssen sich nach unserer Erkenntnis richten, welches so schon besser mit der verlangten Möglichkeit einer Erkenntnis derselben a priori zusammenstimmt, die über Gegenstände, ehe sie uns gegeben werden, etwas festsetzen soll. Es ist hiemit eben so, als mit den ersten Gedanken des Kopernikus bewandt, der, nachdem es mit der Erklärung der Himmelsbewegungen nicht gut fort wollte, wenn er annahm, das ganze Sternheer drehe sich um den Zuschauer, versuchte, ob es nicht besser gelingen möchte, wenn er den Zuschauer sich drehen und dagegen die Sterne in Ruhe ließ. In der Metaphysik kann man nun, was die Anschauung der Gegenstände betrifft, es auf ähnliche Weise versuchen. Wenn die Anschauung sich nach der Beschaffenheit der Gegenstände richten müßte, so sehe ich nicht ein, wie man a priori von ihr etwas wissen könne; richtet sich aber der Gegenstand (als Objekt der Sinne) nach der Beschaffenheit unseres Anschauungsvermögens, so kann ich mir diese Möglichkeit ganz wohl vorstellen. Weil ich aber bei diesen Anschauungen, wenn sie Erkenntnisse werden sollen, nicht stehen bleiben kann, sondern sie als Vorstellungen auf irgend etwas als Gegenstand beziehen und diesen durch jene bestimmen muß, so kann ich entweder annehmen, die Begriffe, wodurch ich diese Bestimmung zu Stande bringe, richten sich auch nach dem Gegenstande, und dann bin ich wiederum in derselben Verlegenheit wegen der Art, wie ich a priori hievon etwas wissen könne; oder ich nehme an, die Gegenstände, oder, welches einerlei ist, die Erfahrung, in welcher sie allein (als gegebene Gegenstände) erkannt werden, richte sich nach diesen Begriffen, so sehe ich sofort eine leichtere Auskunft, weil Erfahrung selbst eine Erkenntnisart ist, die Verstand erfordert, dessen Regel ich in mir, noch ehe mir Gegenstände gegeben werden, mithin a priori voraussetzen muß, welche in Begriffen a priori ausgedrückt wird, nach denen sich also alle Gegenstände der Erfahrung notwendig richten und mit ihnen übereinstimmen müssen. Was Gegenstände betrifft, so fern sie bloß durch Vernunft und zwar notwendig gedacht, die aber (so wenigstens, wie die Vernunft sie denkt) gar nicht in der Erfahrung gegeben werden können, so werden die Versuche, sie zu denken (denn denken müssen sie sich doch lassen), hernach einen herrlichen Probierstein desjenigen abgeben, was wir als die veränderte Methode der Denkungsart annehmen, daß wir nämlich von den Dingen nur das a priori erkennen, was wir selbst in sie legen.

(II 25f.)

Daß Raum und Zeit nur Formen der sinnlichen Anschauung, also nur Bedingungen der Existenz der Dinge als Erscheinungen sind, daß wir ferner keine Verstandesbegriffe, mithin auch gar keine Elemente zur Erkenntnis der Dinge haben, als sofern diesen Begriffen korrespondierende Anschauung gegeben werden kann, folglich wir von keinem Gegenstande als Ding an sich selbst, sondern nur sofern es Objekt der sinnlichen Anschauung ist, d.i. als Erscheinung, Erkenntnis haben können, wird bewiesen; woraus denn freilich die Einschränkung aller nur möglichen spekulativen Erkenntnis der Vernunft auf bloße Gegenstände der Erfahrung folgt. Gleichwohl wird, welches wohl gemerkt werden muß, doch dabei immer vorbehalten, daß wir eben dieselben Gegenstände auch als Dinge an sich selbst, wenn gleich nicht erkennen, doch wenigstens müssen denken können. Denn sonst würde der ungereimte Satz daraus folgen, daß Erscheinung ohne etwas wäre, was da erscheint. (II 30f.)

Der Raum stellet gar keine Eigenschaft irgend einiger Dinge an sich oder sie in ihrem Verhältnis aufeinander vor, d.i. keine Bestimmung derselben, die an Gegenständen selbst haftete, und welche bliebe, wenn man auch von allen subjektiven Bedingungen der Anschauung abstrahierte. (II 75)

Der Raum ist nichts anders als nur die Form aller Erscheinungen äußerer Sinne, d.i. die subjektive Bedingung der Sinnlichkeit, unter der allein uns äußere Anschauung möglich ist. (II 75)

Die Zeit ist nicht etwas, was für sich selbst bestünde oder den Dingen als objektive Bestimmung anhinge, mithin übrig bliebe, wenn man von allen subjektiven Bedingungen der Anschauung derselben abstrahiert. (II 80)

Die Zeit ist nichts anders als die Form des innern Sinnes, d.i. des Anschauens unserer selbst und unsers innern Zustandes. (II 80f.)

Die Kategorien sind nichts anders als die Bedingungen des Denkens in einer möglichen Erfahrung, so wie Raum und Zeit die Bedingungen der Anschauung zu eben derselben enthalten. (II 170)

Der Verstand schöpft seine Gesetze (a priori) nicht aus der Natur, sondern schreibt sie dieser vor. (III 189)

Unsre Erkenntnis entspringt aus zwei Grundquellen des Gemüts, deren die erste ist, die Vorstellungen zu empfangen (die Rezeptivität der Eindrücke), die zweite das Vermögen, durch diese Vorstellungen einen Gegenstand zu erkennen (Spontaneität der Begriffe); durch die erstere wird uns ein Gegenstand gegeben, durch die zweite wird dieser im Verhältnis auf jene Vorstellung (als bloße Bestimmung des Gemüts) gedacht. Anschauung und Begriffe machen also die Elemente aller unsrer Erkenntnis aus, so daß weder Begriffe, ohne ihnen auf einige Art korrespondierende Anschauung, noch Anschauung ohne Begriffe eine Erkenntnis abgeben können. (II 97)

Verstand und Sinnlichkeit können bei uns nur in Verbindung Gegenstände bestimmen. Wenn wir sie trennen, so haben wir Anschauungen ohne Begriffe oder Begriffe ohne Anschauungen, in beiden Fällen aber Vorstellungen, die wir auf keinen bestimmten Gegenstand beziehen können. (II 284)

Ohne Sinnlichkeit würde uns kein Gegenstand gegeben und ohne Verstand keiner gedacht werden. Gedanken ohne Inhalt sind leer, Anschauungen ohne Begriffe sind blind. Daher ist es eben so notwendig, seine Begriffe sinnlich zu machen (d.i. ihnen den Gegenstand in der Anschauung beizufügen), als seine Anschauungen sich verständlich zu machen (d.i. sie unter Begriffe zu bringen). Beide Vermögen oder Fähigkeiten können auch ihre Funktionen nicht vertauschen. Der Verstand vermag nichts anzuschauen und die Sinne nichts zu denken. Nur daraus, daß sie sich vereinigen, kann Erkenntnis entspringen. (II 98)

Alle Sprache ist Bezeichnung der Gedanken, und umgekehrt die vorzüglichste Art der Gedankenbezeichnung ist die durch Sprache, diesem größten Mittel, sich selbst und andere zu verstehen. Denken ist Reden mit sich selbst (die Indianer auf Otaheite nennen das Denken: die Sprache im Bauch), folglich sich auch innerlich (durch reproduktive Einbildungskraft) Hören. (VI 500)

Wir haben also sagen wollen: daß alle unsre Anschauung nichts als die Vorstellung von Erscheinung sei; daß die Dinge, die wir anschauen, nicht das an sich selbst sind, wofür wir sie anschauen, noch ihre Verhältnisse so an sich selbst beschaffen sind, als sie uns erscheinen, und daß, wenn wir unser Subjekt oder auch nur die subjektive Beschaffenheit der Sinne überhaupt aufheben, alle die Beschaffenheit, alle Verhältnisse der Objekte in Raum und Zeit, ja selbst Raum und Zeit verschwinden würden und als Erscheinungen nicht an sich selbst, sondern nur in uns existieren können. Was es für eine Bewandtnis mit den Gegenständen an sich und abgesondert von aller dieser Rezeptivität unserer Sinnlichkeit haben möge, bleibt uns gänzlich unbekannt. Wir kennen nichts, als unsere Art, sie wahrzunehmen, die uns eigentümlich ist, die auch nicht notwendig jedem Wesen, ob zwar jedem Menschen, zukommen muß. Mit dieser haben wir es lediglich zu tun. (II 87)

Wenn ich sage: im Raum und der Zeit stellt die Anschauung sowohl der äußeren Objekte, als auch die Selbstanschauung des Gemüts, beides vor, so wie es unsere Sinne affiziert, d.i. wie es erscheint: so will das nicht sagen, daß diese Gegenstände ein bloßer Schein wären. Denn in der Erscheinung werden jederzeit die Objekte, ja selbst die Beschaffenheiten, die wir ihnen beilegen, als etwas wirklich Gegebenes angesehen, nur daß, sofern diese Beschaffenheit nur von der Anschauungsart des Subjekts in der Relation des gegebenen Gegenstandes zu ihm abhängt, dieser Gegenstand als Erscheinung von ihm selber als Objekt an sich unterschieden wird. So sage ich nicht, die Körper scheinen bloß außer mir zu sein oder meine Seele scheint nur in meinem Selbstbewußtsein gegeben zu sein, wenn ich behaupte, daß die Qualität des Raums und der Zeit, welcher als Bedingung ihres Daseins gemäß ich beides setze, in meiner Anschauungsart und nicht in diesen Objekten an sich liege. Es wäre meine eigene Schuld, wenn ich aus dem, was ich zur Erscheinung zählen sollte, bloßen Schein machte. (II 93f.)

Wenn wir die Gegenstände der Sinne, wie billig, als bloße Erscheinungen ansehen, so gestehen wir hiedurch doch zugleich, daß ihnen ein Ding an sich selbst zum Grunde liege, ob wir dasselbe gleich nicht, wie es an sich beschaffen sei, sondern nur seine Erscheinung, d.i. die Art, wie unsre Sinne von diesem unbekannten Etwas affiziert werden, kennen. (III 183)

Der Idealismus besteht in der Behauptung, daß es keine andere als denkende Wesen gebe, die übrigen Dinge, die wir in der Anschauung wahrzunehmen glauben, wären nur Vorstellungen in den denkenden Wesen, denen in der Tat kein außerhalb diesen befindlicher Gegenstand korrespondierete. Ich dagegen sage: es sind uns Dinge als außer uns befindliche Gegenstände unserer Sinne gegeben, allein von dem, was sie an sich selbst sein mögen, wissen wir nichts, sondern kennen nur ihre Erscheinungen, d.i. die Vorstellungen, die sie in uns wirken, indem sie unsere Sinne affizieren. Demnach gestehe ich allerdings, daß es außer uns Körper gebe, d.i. Dinge, die, obzwar nach dem, was sie an sich selbst sein mögen, uns gänzlich unbekannt, wir durch die Vorstellungen kennen, welche ihr Einfluß auf unsre Sinnlichkeit uns verschafft, und denen wir die Benennung eines Körpers geben, welches Wort also bloß die Erscheinung jenes uns unbekannten, aber nichts desto weniger wirklichen Gegenstandes bedeutet. (III 152)

Die Kritik dieses reinen Verstandes erlaubt es also nicht, sich ein neues Feld von Gegenständen, außer denen, die ihm als Erscheinungen vorkommen können, zu schaffen, und in intelligibele Welten, sogar nicht einmal in ihren Begriff, auszuschweifen. (II 305)

Es wird sich in der Folge zeigen, daß doch, in Ansehung des praktischen Gebrauchs, die Vernunft ein Recht habe, etwas anzunehmen, was sie auf keine Weise im Felde der bloßen Spekulation, ohne hinreichende Beweisgründe, vorauszusetzen befugt wäre; weil alle solche Voraussetzungen der Vollkommenheit der Spekulation Abbruch tun, um welche sich aber das praktische Interesse gar nicht bekümmert. Dort ist sie also im Besitze, dessen Rechtmäßigkeit sie nicht beweisen darf und wovon sie in der Tat den Beweis auch nicht führen könnte. (II 657)

Welcher Ursache sollte wohl die nicht zu dämpfende Begierde, durchaus über die Grenze der Erfahrung hinaus irgendwo festen Fuß zu fassen, zuzuschreiben sein? Sie ahndet Gegenstände, die ein großes Interesse für sie bei sich führen. Sie tritt den Weg der bloßen Spekulation an, um sich ihnen zu nähern; aber diese fliehen vor ihr. Vermutlich wird auf dem einzigen Wege, der ihr noch übrig ist, nämlich dem des praktischen Gebrauchs, besseres Glück für sie zu hoffen sein. (II 670f.)

Ich mußte das Wissen aufheben, um zum Glauben Platz zu bekommen. (II 33)

8. Der Kosmos

Wenn die Größe eines planetischen Weltbaues, darin die Erde als ein Sandkorn kaum bemerket wird, den Verstand in Verwunderung setzt, mit welchem Erstaunen wird man entzücket, wenn man die unendliche Menge Welten und Systeme ansiehet, die den Inbegriff der Milchstraße erfüllen; allein wie vermehrt sich dieses Erstaunen, wenn man gewahr wird, daß alle diese unermeßlichen Sternordnungen wiederum die Einheit von einer Zahl machen, deren Ende wir nicht wissen und die vielleicht eben so wie jene unbegreiflich groß, und doch wiederum noch die Einheit einer neuen Zahlverbindung ist. Es ist hie kein Ende, sondern ein Abgrund einer wahren Unermeßlichkeit, worin alle Fähigkeit der menschlichen Begriffe sinket, wenn sie gleich durch die Hilfe der Zahlwissenschaft erhoben wird. (I 267)

Das ist aber was Wichtiges und welches, wofern es Beifall erlanget, der größesten Aufmerksamkeit würdig ist, daß, der Ordnung der Natur in diesem unserm System zu Folge, die Schöpfung, oder vielmehr die Ausbildung der Natur, bei diesem Mittelpunkte zuerst anfängt und mit stetiger Fortschreitung nach und nach in alle ferneren Weiten ausgebreitet wird, um den unendlichen Raum in dem Fortgange der Ewigkeit mit Welten und Ordnungen zu erfüllen. Lasset uns dieser Vorstellung einen Augenblick mit stillem Vergnügen nachhängen. Ich finde nichts, das den Geist des Menschen zu einem edleren Erstaunen erheben kann. (I 333)

Zuletzt lasset uns der Einbildungskraft ein so wunderseltsames Objekt, als eine brennende Sonne ist, gleichsam von nahem vorstellen. Man siehet in einem Anblicke weite Feuerseen, die ihre Flammen gen Himmel erheben, rasende Stürme, deren Wut die Heftigkeit der ersten verdoppelt, welche, indem sie selbige über ihre Ufer aufschwellend machen, bald die erhabenen Gegenden dieses Weltkörpers bedecken, bald sie in ihre Grenzen zurücksinken lassen; ausgebrannte Felsen, die aus den flammenden Schlünden ihre fürchterlichen Spitzen herausstrecken und deren Überschwemmung oder Entblößung von dem wallenden Feuerelemente das abwechselnde Erscheinen und Verschwinden der Sonnenflecken verursachet; dicke Dämpfe, die das Feuer erstikken und die, durch die Gewalt der Winde erhoben, finstre Wolken ausmachen, welche in feurigen Regengüssen wiederum herabstürzen und als brennende Ströme von den Höhen des festen Sonnenlandes sich in die flammenden Täler ergießen, das Krachen der Elemente, den Schutt ausgebrannter Materien und die mit der Zerstörung ringende Natur, welche selbst mit dem abscheulichsten Zustande ihrer Zerrüttungen die Schönheit der Welt und den Nutzen der Kreaturen bewirket. (I 350f.)

Ich bin der Meinung, daß es eben nicht notwendig sei, zu behaupten, alle Planeten müßten bewohnt sein, ob es gleich eine Ungereimtheit wäre, dieses in Ansehung aller, oder auch nur der meisten, zu leugnen. Bei dem Reichtume der Natur, da Welten und Systeme, in Ansehung des Ganzen der Schöpfung, nur Sonnenstäubchen sind, könnte es auch wohl öde und unbewohnte Gegenden geben, die nicht auf das genaueste zu dem Zwecke der Natur, nämlich der Betrachtung vernünftiger Wesen, genutzet würden. Vielleicht, daß sich noch nicht alle

Himmelskörper völlig ausgebildet haben; es gehören Jahrhunderte und vielleicht Tausende von Jahren dazu, bis ein großer Himmelskörper einen festen Stand seiner Materien erlanget hat. Jupiter scheinet noch in diesem Streite zu sein. Die merkliche Abwechselung seiner Gestalt, zu verschiedenen Zeiten, hat die Astronomen schon vorlängst mutmaßen lassen, daß er große Umstürzungen erleiden müsse und bei weitem so ruhig auf seiner Oberfläche nicht sei, als es ein bewohnbarer Planet sein muß. Wenn er keine Bewohner hat und auch keine jemals haben sollte, was für ein unendlich kleiner Aufwand der Natur wäre dieses, in Ansehung der Unermeßlichkeit der ganzen Schöpfung? Und wäre es nicht vielmehr ein Zeichen der Armut als des Überflusses derselben, wenn sie in jedem Punkte des Raumes so sorgfältig sein sollte, alle ihre Reichtümer aufzuzeigen? Allein, man kann noch mit mehr Befriedigung vermuten, daß, wenn er gleich jetzt unbewohnt ist, er dennoch es dereinst werden wird, wenn die Periode seiner Bildung wird vollendet sein. Vielleicht ist unsere Erde tausend oder mehr Jahre vorhanden gewesen, ehe sie sich in der Verfassung befunden hat, Menschen, Tiere und Gewächse unterhalten zu können. Daß ein Planet nun einige tausend Jahre später zu dieser Vollkommenheit kommt, das tut dem Zwecke seines Daseins keinen Abbruch. Er wird eben um deswillen auch ins Zukünftige länger in der Vollkommenheit seiner Verfassung, wenn er sie einmal erreichet hat, verbleiben; denn es ist einmal ein gewisses Naturgesetz: alles, was einen Anfang hat, nähert sich beständig seinem Untergange und ist demselben um so viel näher, je mehr es sich von dem Punkte seines Anfanges entfernet hat. (I 377ff.)

Ob wir gleich von dem Orte unseres Aufenthalts in dem Universo eine Aussicht in eine, wie es scheinet, völlig vollendete Welt und, so zu reden, in ein unendliches Heer von Weltordnungen, die systematisch verbunden sind, haben: so befinden wir uns doch eigentlich nur in einer Nahheit zum Mittelpunkte der ganzen Natur, wo diese sich schon aus dem Chaos ausgewickelt und ihre gehörige Vollkommenheit erlanget hat. Wenn wir eine gewisse Sphäre überschreiten könnten: würden wir daselbst das Chaos und die Zerstreuung der Elemente erblicken, die nach dem Maße, als sie sich diesem Mittelpunkte näher befinden, den rohen Zustand zum Teil verlassen und der Vollkommenheit der Ausübung näher sind, mit den Graden der Entfernung aber sich nach und nach in einer völligen Zerstreuung verlieren. Es ist vielleicht eine Reihe von Millionen Jahren und Jahrhunderten verflossen, ehe die Sphäre der gebildeten Natur, darin wir uns befinden, zu der Vollkommenheit gediehen ist, die ihr jetzt beiwohnet; und es wird vielleicht ein eben so langer Periodus vergehen, bis die Natur einen eben so weiten Schritt in dem Chaos tut: allein die Sphäre der ausgebildeten Natur ist unaufhörlich beschäftiget, sich auszubreiten. Die Schöpfung ist nicht das Werk von einem Augenblicke. Nachdem sie mit der Hervorbringung einer Unendlichkeit von Substanzen und Materie den Anfang gemachet hat: so ist sie mit immer zunehmenden Graden der Fruchtbarkeit, die ganze Folge der Ewigkeit hindurch, wirksam. Es werden Millionen und ganze Gebirge von Millionen Jahrhunderten verfließen, binnen welchen immer neue Welten und Weltordnungen nach einander, in den entfernten Weiten von dem Mittelpunkte der Natur, sich bilden und zur Vollkommenheit gelangen werden; sie werden, ohnerachtet der systematischen Verfassung, die unter ihren Teilen ist, eine allgemeine Beziehung auf den Mittelpunkt erlangen, welcher der erste Bildungspunkt und das Zentrum der Schöpfung durch das Anziehungsvermögen seiner vorzüglichen Masse worden ist. Wenn man mit einer kühnen Vorstellung die ganze Ewigkeit, so zu sagen, in einem Begriffe zusammen fassen könnte: so würde man auch den ganzen unendlichen Raum mit Weltordnungen angefüllet und die Schöpfung vollendet ansehen können. Weil aber in der Tat von der Zeitfolge der Ewigkeit der rückständige Teil allemal unendlich und der abgeflossene endlich ist: so ist die Sphäre der ausgebildeten Natur allemal nur ein unendlich kleiner Teil desjenigen Inbegriffs, der den Samen zukünftiger Welten in sich hat und sich aus dem rohen Zustande des Chaos, in längern oder kürzern Perioden, auszuwickeln trachtet. Die Schöpfung ist niemals vollendet. Sie hat zwar einmal angefangen, aber sie wird niemals aufhören. Sie ist immer geschäftig, mehr Auftritte der Natur, neue Dinge und neue Welten hervor zu bringen. Das Werk, welches sie zu Stande bringet, hat ein Verhältnis zu der Zeit, die sie darauf anwendet. Sie braucht nichts weniger, als eine Ewigkeit, um die ganze grenzenlose Weite der unendlichen Räume mit Welten ohne Zahl und ohne Ende zu beleben. (I 334f.)

Man kann den unvermeidlichen Hang, den ein jegliches zur Vollkommenheit gebrachtes Weltgebäude nach und nach zu seinem Untergange hat, unter die Gründe rechnen, die es bewähren können, daß das Universum dagegen in andern Gegenden an Welten fruchtbar sein werde, um den Mangel zu ersetzen, den es an einem Orte erlitten hat. Das ganze Stück der Natur, das wir kennen, ob es gleich nur ein Atomus in Ansehung dessen ist, was über oder unter unserem Gesichtskreise verborgen bleibt, bestätiget doch diese Fruchtbarkeit der Natur, die ohne

Schranken ist. Unzählige Tiere und Pflanzen werden täglich zerstöret und sind ein Opfer der Vergänglichkeit; aber nicht weniger bringet die Natur, durch ein unerschöpftes Zeugungsvermögen, an andern Orten wiederum hervor und füllet das Leere aus. Beträchtliche Stücke des Erdbodens, den wir bewohnen, werden wiederum in dem Meere begraben, aus dem sie ein günstiger Periodus hervorgezogen hatte; aber an anderen Orten ergänzet die Natur den Mangel und bringet andere Gegenden hervor, die in der Tiefe des Wassers verborgen waren, um neue Reichtümer ihrer Fruchtbarkeit über dieselbe auszubreiten. Auf die gleiche Art vergehen Welten und Weltordnungen und werden von dem Abgrunde der Ewigkeiten verschlungen; dagegen ist die Schöpfung immerfort geschäftig, in andern Himmelsgegenden neue Bildungen zu verrichten und den Abgang mit Vorteile zu ergänzen. (I 338)

Alles, was endlich ist, was einen Anfang und Ursprung hat, hat das Merkmal seiner eingeschränkten Natur in sich; es muß vergehen und ein Ende haben. Die Dauer eines Weltbaues hat, durch die Vortrefflichkeit ihrer Errichtung, eine Beständigkeit in sich, die, unsern Begriffen nach, einer unendlichen Dauer nahe kommt. Vielleicht werden tausend, vielleicht Millionen Jahrhunderte sie nicht vernichten; allein, weil die Eitelkeit, die an den endlichen Naturen haftet, beständig an ihrer Zerstörung arbeitet: so wird die Ewigkeit alle möglichen Perioden in sich halten, um durch einen allmählichen Verfall den Zeitpunkt ihres Unterganges doch endlich herbei zu führen. (I 338f.)

Wir dürfen den Untergang eines Weltgebäudes nicht als einen wahren Verlust der Natur bedauern. Sie beweiset ihren Reichtum in einer Art von Verschwendung, welche, indem einige Teile der Vergänglichkeit den Tribut bezahlen, sich durch unzählige neue Zeugungen in dem ganzen Umfange ihrer Vollkommenheit unbeschadet erhält. Welch eine unzählige Menge Blumen und Insekten zerstöret ein einziger kalter Tag; aber wie wenig vermisset man sie, ohnerachtet es herrliche Kunstwerke der Natur sind; an einem andern Orte wird dieser Abgang mit Überfluß wiederum ersetzet. Der Mensch, der das Meisterstück der Schöpfung zu sein scheinet, ist selbst von diesem Gesetze nicht ausgenommen. Die Natur beweiset, daß sie eben so reich, eben so unerschöpfet in Hervorbringung des Trefflichsten unter den Kreaturen als des Geringschätzigsten ist und daß selbst deren Untergang eine notwendige Schattierung in der Mannigfaltigkeit ihrer Sonnen ist, weil die Erzeugung derselben ihr nichts kostet. Die schädlichen Wirkungen der angesteckten Luft, die Erdbeben, die Überschwemmungen vertilgen ganze Völker von dem Erdboden; allein es scheinet nicht, daß die Natur dadurch einigen Nachteil erlitten habe. Auf gleiche Weise verlassen ganze Welten und Systeme den Schauplatz, nachdem sie ihre Rolle ausgespielet haben. Die Unendlichkeit der Schöpfung ist groß genug, um eine Welt, oder eine Milchstraße von Welten, gegen sie anzusehen, wie man eine Blume, oder ein Insekt, in Vergleichung gegen die Erde ansiehet. (I 339f.)

Wenn ein Weltsystem in der langen Folge seiner Dauer alle Mannigfaltigkeit erschöpfet, die seine Einrichtung fassen kann, wenn es nun ein überflüssiges Glied in der Kette der Wesen geworden: so ist nichts geziemender, als daß es in dem Schauspiele der ablaufenden Veränderungen des Universi die letzte Rolle spielet, die jedem endlichen Dinge gebühret, nämlich der Vergänglichkeit ihr Gebühr abtrage. Die Natur zeiget, wie gedacht, schon in dem kleinen Teile ihres Inbegriffes diese Regel ihres Verfahrens, die das ewige Schicksal ihr im Ganzen vorgeschrieben hat, und ich sage es nochmals, die Größe desjenigen, was untergehen soll, ist hierin nicht im geringsten hinderlich; denn alles, was groß ist, wird klein, ja es wird gleichsam nur ein Punkt, wenn man es mit dem Unendlichen vergleicht, welches die Schöpfung in dem unbeschränkten Raume, die Folge der Ewigkeit hindurch, darstellen wird. (I 340f.)

Kann man nicht glauben, die Natur, welche vermögend war, sich aus dem Chaos in eine regelmäßige Ordnung und in ein geschicktes System zu setzen, sei ebenfalls im Stande, aus dem neuen Chaos, darin sie die Verminderung ihrer Bewegungen versenket hat, sich wiederum eben so leicht herzustellen und die erste Verbindung zu erneuern? Können die Federn, welche den Stoff der zerstreuten Materie in Bewegung und Ordnung brachten, nachdem sie der Stillstand der Maschine zur Ruhe gebracht hat, durch erweiterte Kräfte nicht wiederum in Wirksamkeit gesetzt werden und sich nach eben denselben allgemeinen Regeln zur Übereinstimmung einschränken, wodurch die ursprüngliche Bildung zuwege gebracht worden ist? Man wird nicht lange Bedenken tragen, dieses zuzugeben, wenn man erwäget, daß, nachdem die endliche Mattigkeit der Umlaufs-Bewegungen in dem Weltgebäude die Planeten und Kometen insgesamt auf die Sonne niedergestürzt hat, dieser ihre Glut einen unermeßlichen Zuwachs durch die Vermischung so vieler und großer Klumpen bekommen muß, vornehmlich da die entferneten Kugeln des Sonnensystems den leichtesten und im Feuer wirksamsten Stoff der ganzen Natur in sich enthalten. Dieses durch neue Nahrung und die flüchtigste Materie in die größte Heftigkeit versetzte Feuer wird ohne Zweifel nicht allein alles wiederum in die kleinsten Elemente auflösen, sondern auch dieselben in dieser Art, mit einer der Hitze gemäßen Ausdehnungskraft und mit einer Schnelligkeit, welche durch keinen Widerstand des Mittelraums geschwächet wird, in dieselben weiten Räume wiederum ausbreiten und zerstreuen, welche sie vor der ersten Bildung der Natur eingenommen hatten, um, nachdem die Heftigkeit des Zentralfeuers durch eine beinahe gänzliche Zerstreuung ihrer Masse gedämpfet worden, durch Verbindung der Attraktions- und Zurückstoßungskräfte die alten Zeugungen und systematisch beziehenden Bewegungen mit nicht minderer Regelmäßigkeit zu wiederholen und ein neues Weltgebäude darzustellen. Wenn denn ein besonderes Planetensystem auf diese Weise in Verfall geraten und durch wesentliche Kräfte sich daraus wiederum hergestellet hat, wenn es wohl gar dieses Spiel mehr wie einmal wiederholet: so wird endlich die Periode herannahen, die auf gleiche Weise das große System, darin die Fixsterne Glieder sind, durch den Verfall ihrer Bewegungen in einem Chaos versammeln wird. Man wird hier noch weniger zweifeln, daß die Vereinigung einer so unendlichen Menge Feuerschätze, als diese brennenden Sonnen sind, zusamt dem Gefolge ihrer Planeten den Stoff ihrer Massen, durch die unnennbare Glut aufgelöset, in den alten Raum ihrer Bildungssphäre zerstreuen und daselbst die Materialien zu neuen Bildungen durch dieselben mechanischen Gesetze hergeben werden, woraus wiederum der öde Raum mit Welten und Systemen kann belebet werden. (I 341ff.)

9. Das Lebewesen und der Mensch als Endzweck

Die Blumen, Blüten, ja die Gestalten ganzer Gewächse, die für ihren eigenen Gebrauch unnötige, aber für unsern Geschmack gleichsam ausgewählte Zierlichkeit der tierischen Bildungen von allerlei Gattungen; vornehmlich die unsern Augen so wohlgefällige und reizende Mannigfaltigkeit und harmonische Zusammensetzung der Farben (am Fasan, an Schaltieren, Insekten, bis zu den gemeinsten Blumen), die, indem sie bloß die Oberfläche, und auch an dieser nicht einmal die Figur der Geschöpfe, welche doch noch zu den innern Zwecken derselben erforderlich sein könnte, betreffen, gänzlich auf äußere Beschauung abgezweckt zu sein scheinen: geben der Erklärungsart durch Annehmung wirklicher Zwecke der Natur für unsere ästhetische Urteilskraft ein großes Gewicht. (V 454)

So könnte man z.B. sagen: das Ungeziefer, welches die Menschen in ihren Kleidern, Haaren, oder Bettstellen plagt, sei nach einer weisen Naturanstalt ein Antrieb zur Reinlichkeit, die für sich schon ein wichtiges Mittel der Erhaltung der Gesundheit ist. Oder die Moskitomücken und andere stechende Insekten, welche die Wüsten von Amerika den Wilden so beschwerlich machen, seien so viel Stacheln der Tätigkeit für diese angehenden Menschen, um die Moräste abzuleiten und die dichten den Luftzug abhaltenden Wälder licht zu machen und dadurch, imgleichen durch den Anbau des Bodens, ihren Aufenthalt zugleich gesünder zu machen. Selbst was dem Menschen in seiner innern Organisation widernatürlich zu sein scheint, wenn es auf diese Weise behandelt wird, gibt eine unterhaltende, bisweilen auch belehrende Aussicht in eine teleologische Ordnung der Dinge, auf die uns, ohne ein solches Prinzip, die bloß physische Betrachtung allein nicht führen würde. So wie einige den Bandwurm dem Menschen oder Tiere, dem er beiwohnt, gleichsam zum Ersatz eines gewissen Mangels seiner Lebensorgane beigegeben zu sein urteilen: so würde ich fragen, ob nicht die Träume (ohne die niemals der Schlaf ist, ob man sich gleich nur selten derselben erinnert) eine zweckmäßige Anordnung der Natur sein mögen, indem sie nämlich, bei dem Abspannen aller körperlichen bewegenden Kräfte, dazu dienen, vermittelst der Einbildungskraft und der großen Geschäftigkeit derselben (die in diesem Zustande mehrenteils bis zum Affekte steigt) die Lebensorgane innigst zu bewegen; so wie sie auch bei überfülltem Magen, wo diese Bewegung um desto nötiger ist, im Nachtschlafe gemeiniglich mit desto mehr Lebhaftigkeit spielt; daß folglich, ohne diese innerlich bewegende Kraft und ermüdende Unruhe, worüber wir die Träume anklagen (die doch in der Tat vielleicht Heilmittel sind), der Schlaf, selbst im gesunden Zustande, wohl gar ein völliges Erlöschen des Lebens sein würde. (V 492f.)

Der Schnee sichert die Saaten in kalten Ländern wider den Frost; er erleichtert die Gemeinschaft der Menschen (durch Schlitten); der Lappländer findet dort Tiere, die diese Gemeinschaft bewirken (Rentiere), die an einem dürren Moose, welches sie sich selbst unter dem Schnee hervorscharren müssen, hinreichende Nahrung finden und gleichwohl sich leicht zähmen und der Freiheit, in der sie sich gar wohl erhalten könnten, willig berauben lassen. Für andere Völker in derselben Eiszone enthält das Meer reichen Vorrat an Tieren, die, außer der Nahrung und Kleidung, die sie liefern, und dem Holze, welches ihnen das Meer zu Wohnungen gleichsam hinflößet, ihnen noch Brennmaterien zur Erwärmung ihrer Hütten liefern. Hier ist nun eine bewundernswürdige Zusammenkunft von so viel Beziehungen der Natur auf einen Zweck; und dieser ist der Grönländer, der Lappe, der Samojede, der Jakute, usw. Aber man sieht nicht, warum überhaupt Menschen dort leben müssen. Also sagen: daß darum Dünste aus der Luft in der Form des Schnees herunterfallen, das Meer seine Ströme habe, welche das in wärmern Ländern gewachsene Holz dahin schwemmen, und große mit Öl angefüllte Seetiere da sind, weil der Ursache, die alle die Naturprodukte herbeischafft, die Idee eines Vorteils für gewisse armselige Geschöpfe zum Grunde liege: wäre ein sehr gewagtes und willkürliches Urteil. (V 479f.)

Es ist ein Urteil, dessen sich selbst der gemeinste Verstand nicht entschlagen kann, wenn er über das Dasein der Dinge in der Welt und die Existenz der Welt selbst nachdenkt: daß nämlich alle die mannigfaltigen Geschöpfe, von wie großer Kunsteinrichtung und wie mannigfaltigem, zweckmäßig auf einander bezogenem Zusammenhange sie auch sein mögen, ja selbst das Ganze so vieler Systeme derselben, die wir unrichtiger Weise Welten nennen, zu nichts da sein würden, wenn es in ihnen nicht Menschen (vernünftige Wesen überhaupt) gäbe; d.i. daß, ohne den Menschen, die ganze Schöpfung eine bloße Wüste, umsonst und ohne Endzweck sein würde. (V 567)

Wenn man für die Naturwissenschaft und in ihren Kontext den Begriff von Gott hereinbringt, um sich die

Zweckmäßigkeit in der Natur erklärlich zu machen, und hernach diese Zweckmäßigkeit wiederum braucht, um zu beweisen, daß ein Gott sei: so ist in keiner von beiden Wissenschaften innerer Bestand. (V 495)

Wir sehen an den Werken der Natur, die wir beurteilen können, so ausgebreitete und tiefe Weisheit, die wir uns nicht anders als durch eine unaussprechlich große Kunst eines Weltschöpfers erklären können. (IV 623)

Critik der reinen Vernunft

von

Immanuel Kant

Professor in Königsberg.

Riga,
verlegts Johann Friedrich Hartknoch
1781.

II.
Der Mensch als sittliches Wesen

1. Der gute Wille und die Pflicht

Es ist überall nichts in der Welt, ja überhaupt auch außer derselben zu denken möglich, was ohne Einschränkung für gut könnte gehalten werden, als allein ein guter Wille. Verstand, Witz, Urteilskraft, und wie die Talente des Geistes sonst heißen mögen, oder Mut, Entschlossenheit, Beharrlichkeit im Vorsatze, als Eigenschaften des Temperaments, sind ohne Zweifel in mancher Absicht gut und wünschenswert; aber sie können auch äußerst böse und schädlich werden, wenn der Wille, der von diesen Naturgaben Gebrauch machen soll und dessen eigentümliche Beschaffenheit darum Charakter heißt, nicht gut ist. Mit den Glücksgaben ist es eben so bewandt. Macht, Reichtum, Ehre, selbst Gesundheit, und das ganze Wohlbefinden und Zufriedenheit mit seinem Zustande, unter dem Namen der Glückseligkeit, machen Mut und hiedurch öfters auch Übermut, wo nicht ein guter Wille da ist, der den Einfluß derselben aufs Gemüt und hiemit auch das ganze Prinzip zu handeln berichtige und allgemein-zweckmäßig mache; ohne zu erwähnen, daß ein vernünftiger unparteiischer Zuschauer sogar am Anblicke eines ununterbrochenen Wohlergehens eines Wesens, das kein Zug eines reinen und guten Willens zieret, nimmermehr ein Wohlgefallen haben kann und so der gute Wille die unerläßliche Bedingung selbst der Würdigkeit, glücklich zu sein, auszumachen scheint. (IV 18)

Der gute Wille ist nicht durch das, was er bewirkt oder ausrichtet, nicht durch seine Tauglichkeit zur Erreichung irgend eines vorgesetzten Zweckes, sondern allein durch das Wollen, d.i. an sich, gut, und, für sich selbst betrachtet, ohne Vergleich weit höher zu schätzen, als alles, was durch ihn zu Gunsten irgend einer Neigung, ja, wenn man will, der Summe aller Neigungen, nur immer zu Stande gebracht werden könnte. Wenn gleich durch eine besondere Ungunst des Schicksals, oder durch kärgliche Ausstattung einer stiefmütterlichen Natur es diesem Willen gänzlich an Vermögen fehlete, seine Absicht durchzusetzen; wenn bei seiner größten Bestrebung dennoch nichts von ihm ausgerichtet würde und nur der gute Wille (freilich nicht etwa ein bloßer Wunsch, sondern als die Aufbietung aller Mittel, so weit sie in unserer Gewalt sind) übrig bliebe: so würde er wie ein Juwel doch für sich selbst glänzen, als etwas, das seinen vollen Wert in sich selbst hat. Die Nützlichkeit oder Fruchtlosigkeit kann diesem Werte weder etwas zusetzen noch abnehmen. Sie würde gleichsam nur die Einfassung sein, um ihn im gemeinen Verkehr besser handhaben zu können oder die Aufmerksamkeit derer, die noch nicht genug Kenner sind, auf sich zu ziehen, nicht aber, um ihn Kennern zu empfehlen und seinen Wert zu bestimmen.

) IV 19)

Dieser Wille darf zwar nicht das einzige und das ganze, aber er muß doch das höchste Gut und zu allem übrigen, selbst allem Verlangen nach Glückseligkeit, die Bedingung sein, in welchem Falle es sich mit der Weisheit der Natur gar wohl vereinigen läßt, wenn man wahrnimmt, daß die Kultur der Vernunft, die zur erstern und unbedingten Absicht erforderlich ist, die Erreichung der zweiten, die jederzeit bedingt ist, nämlich der Glückseligkeit, wenigstens in diesem Leben, auf mancherlei Weise einschränke, ja sie selbst unter nichts herabbringen könne, ohne daß die Natur darin unzweckmäßig verfahre, weil die Vernunft, die ihre höchste praktische

Bestimmung in der Gründung eines guten Willens erkennt, bei Erreichung dieser Absicht nur einer Zufriedenheit nach ihrer eigenen Art, nämlich aus der Erfüllung eines Zwecks, den wiederum nur Vernunft bestimmt, fähig ist, sollte dieses auch mit manchem Abbruch, der den Zwecken der Neigung geschieht, verbunden sein. (IV 22)

Eine Handlung aus Pflicht hat ihren moralischen Wert nicht in der Absicht, welche dadurch erreicht werden soll, sondern in der Maxime, nach der sie beschlossen wird, hängt also nicht von der Wirklichkeit des Gegenstandes der Handlung ab, sondern bloß von dem Prinzip des Wollens, nach welchem die Handlung, unangesehen aller Gegenstände des Begehrungsvermögens, geschehen ist. Daß die Absichten, die wir bei Handlungen haben mögen, und ihre Wirkungen, als Zwecke und Triebfedern des Willens, den Handlungen keinen unbedingten und moralischen Wert erteilen können, ist klar. Worin kann also dieser Wert liegen, wenn er nicht im Willen, in Beziehung auf deren verhoffte Wirkung, bestehen soll? Er kann nirgend anders liegen, als im Prinzip des Willens, unangesehen der Zwecke, die durch solche Handlung bewirkt werden können; denn der Wille ist mitten inne zwischen seinem Prinzip a priori, welches formell ist, und zwischen seiner Triebfeder a posteriori, welche materiell ist, gleichsam auf einem Scheidewege, und, da er doch irgend wodurch muß bestimmt werden, so wird er durch das formelle Prinzip des Wollens überhaupt bestimmt werden müssen, wenn eine Handlung aus Pflicht geschieht, da ihm alles materielle Prinzip entzogen worden. (IV 26)

Um aber den Begriff eines an sich selbst hochzuschätzenden und ohne weitere Absicht guten Willens, so wie er schon dem natürlichen gesunden Verstande beiwohnet und nicht sowohl gelehret, als vielmehr nur aufgeklärt zu werden bedarf, diesen Begriff, der in der Schätzung des ganzen Werts unserer Handlungen immer obenan steht und die Bedingung alles übrigen ausmacht, zu entwickeln: wollen wir den Begriff der Pflicht vor uns nehmen, der den eines guten Willens, obzwar unter gewissen subjektiven Einschränkungen und Hindernissen, enthält, die aber doch, weit gefehlt, daß sie ihn verstekken und unkenntlich machen sollten, ihn vielmehr durch Abstechung heben und desto heller hervorscheinen lassen. (IV 22)

Die größte moralische Vollkommenheit des Menschen ist: seine Pflicht zu tun und zwar aus Pflicht (daß das Gesetz nicht bloß die Regel, sondern auch die Triebfeder der Handlungen sei). (IV 523)

Sein Leben zu erhalten, ist Pflicht, und überdem hat jedermann dazu noch eine unmittelbare Neigung. Aber um deswillen hat die oft ängstliche Sorgfalt, die der größte Teil der Menschen dafür trägt, doch keinen innern Wert, und die Maxime derselben keinen moralischen Gehalt. Sie bewahren ihr Leben zwar pflichtmäßig, aber nicht aus Pflicht. Dagegen, wenn Widerwärtigkeiten und hoffnungsloser Gram den Geschmack am Leben gänzlich weggenommen haben; wenn der Unglückliche, stark an Seele, über sein Schicksal mehr entrüstet, als kleinmütig oder niedergeschlagen, den Tod wünscht und sein Leben doch erhält, ohne es zu lieben, nicht aus Neigung oder Furcht, sondern aus Pflicht: alsdann hat seine Maxime einen moralischen Gehalt. (IV 23)

Wohltätig sein, wo man kann, ist Pflicht, und überdem gibt es manche so teilnehmend gestimmte Seelen, daß sie, auch ohne einen andern Bewegungsgrund der Eitelkeit oder des Eigennutzes, ein inneres Vergnügen daran finden, Freude um sich zu verbreiten, und die sich an der Zufriedenheit anderer, sofern sie ihr Werk ist, ergötzen können. Aber ich behaupte, daß in solchem Falle dergleichen Handlung, so pflichtmäßig, so liebenswürdig sie auch ist, dennoch keinen wahren sittlichen Wert habe, sondern mit andern Neigungen zu gleichen Paaren gehe, z.E. der Neigung nach Ehre, die, wenn sie glücklicherweise auf das trifft, was in der Tat gemeinnützig und pflichtmäßig, mithin ehrenwert ist, Lob und Aufmunterung, aber nicht Hochschätzung verdient: denn der Maxime fehlt der sittliche Gehalt, nämlich solche Handlungen nicht aus Neigung, sondern aus Pflicht zu tun. Gesetzt also, das Gemüt jenes Menschenfreundes wäre vom eigenen Gram umwölkt, der alle Teilnehmung an anderer Schicksal auslöscht, er hätte immer noch Vermögen, andern Notleidenden wohlzutun, aber fremde Not rührte ihn nicht, weil er mit seiner eigenen genug beschäftigt ist, und nun, da keine Neigung ihn mehr dazu anreizt, risse er sich doch aus dieser tödlichen Unempfindlichkeit heraus und täte die Handlung ohne alle Neigung, lediglich aus Pflicht, alsdann hat sie allererst ihren echten moralischen Wert. Noch mehr: wenn die Natur diesem oder jenem überhaupt wenig Sympathie ins Herz gelegt hätte, wenn er (übrigens ein ehrlicher Mann) von Temperament kalt und gleichgültig gegen die Leiden anderer wäre, vielleicht weil er, selbst gegen seine eigenen, mit der besondern Gabe der Geduld und aushaltenden Stärke versehen, dergleichen bei jedem andern auch voraussetzt oder gar fordert; wenn die Natur einen solchen Mann (welcher wahrlich nicht ihr schlechtestes Produkt sein würde) nicht eigentlich zum Menschenfreunde gebildet hätte, würde er dann nicht noch in sich einen Quell finden, sich selbst einen weit höhern Wert zu geben, als der eines gutartigen Temperaments sein mag? Allerdings! gerade da hebt der Wert des Charakters an, der moralisch und ohne alle Vergleichung der höchste ist, nämlich daß er wohltue, nicht aus Neigung, sondern aus Pflicht. (IV 24f.)

Seine eigene Glückseligkeit sichern, ist Pflicht (wenigstens indirekt), denn der Mangel der Zufriedenheit mit seinem Zustande, in einem Gedränge von vielen Sorgen und mitten unter unbefriedigten Bedürfnissen, könnte leicht eine große Versuchung zu Übertretung der Pflichten werden. Aber auch ohne hier auf Pflicht zu sehen, haben alle Menschen schon von selbst die mächtigste und innigste Neigung zur Glückseligkeit, weil sich gerade in dieser Idee alle Neigungen zu einer Summe vereinigen. Nur ist die Vorschrift der Glückseligkeit mehrenteils so beschaffen, daß sie einigen Neigungen großen Abbruch tut und doch der Mensch sich von der Summe der Befriedigung aller unter dem Namen der Glückseligkeit keinen bestimmten und sichern Begriff machen kann; daher nicht zu verwundern ist, wie eine einzige, in Ansehung dessen, was sie verheißt, und der Zeit, worin ihre Befriedigung erhalten werden kann, bestimmte Neigung eine schwankende Idee überwiegen könne, und der Mensch, z.B. ein Podagrist, wählen könne, zu genießen, was ihm schmeckt, und zu leiden, was er kann, weil er, nach seinem Überschlage, hier wenigstens sich nicht durch vielleicht grundlose Erwartungen eines Glücks, das in der Gesundheit stecken soll, um den Genuß des gegenwärtigen Augenblicks gebracht hat. Aber auch in diesem Falle, wenn die allgemeine Neigung zur Glückseligkeit seinen Willen nicht bestimmte, wenn Gesundheit für ihn wenigstens nicht so notwendig in diesen Überschlag gehörete, so bleibt noch hier, wie in allen andern Fällen, ein Gesetz übrig, nämlich seine Glückseligkeit zu befördern, nicht aus Neigung, sondern aus Pflicht, und da hat sein Verhalten allererst den eigentlichen moralischen Wert. (IV 25)

Es sei z.B. der Fall: daß jemand ein anvertrautes fremdes Gut in Händen habe, dessen Eigentümer tot ist, und daß die Erben desselben davon nichts wissen noch je etwas erfahren können. Man trage diesen Fall selbst einem Kinde, von etwa acht oder neun Jahren, vor; und zugleich, daß der Inhaber dieses Depositums (ohne sein Verschulden) gerade um diese Zeit in gänzlichen Verfall seiner Glücksumstände geraten, eine traurige, durch Mangel niedergedrückte Familie von Frau und Kindern um sich sehe, aus welcher Not er sich augenblicklich ziehen würde, wenn er jenes Pfand sich zueignete; zugleich sei er Menschenfreund und wohltätig, jene Erben aber reich, lieblos, und dabei im höchsten Grad üppig und verschwenderisch, so daß es eben so gut wäre, als ob dieser Zusatz zu ihrem Vermögen ins Meer geworfen würde. Und nun frage man, ob es unter diesen Umständen für erlaubt gehalten werden könne, dieses Depositum in eigenem Nutzen zu verwenden? Ohne Zweifel wird der Befragte antworten: Nein! und statt aller Gründe nur bloß sagen können: es ist unrecht, d.i. es widerstreitet der Pflicht. (VI 140f.)

Wenn man aber frägt: was denn eigentlich die reine Sittlichkeit ist, an der, als dem Probemetall, man jeder Handlung moralischen Gehalt prüfen müsse, so muß ich gestehen, daß nur Philosophen die Entscheidung dieser

Frage zweifelhaft machen können; denn in der gemeinen Menschenvernunft ist sie, zwar nicht durch abgezogene allgemeine Formeln, aber doch durch den gewöhnlichen Gebrauch, gleichsam als der Unterschied zwischen der rechten und linken Hand, längst entschieden. Wir wollen also vorerst das Prüfungsmerkmal der reinen Tugend an einem Beispiele zeigen, und, indem wir uns vorstellen, daß es etwa einem zehnjährigen Knaben zur Beurteilung vorgelegt worden, sehen, ob er auch von selber, ohne durch den Lehrer dazu angewiesen zu sein, notwendig so urteilen müßte. Man erzähle die Geschichte eines redlichen Mannes, den man bewegen will, den Verleumdern einer unschuldigen, übrigens nicht vermögenden Person (wie etwa Anna von Boleyn auf Anklage Heinrichs VIII. von England) beizutreten. Man bietet Gewinne, d.i. große Geschenke oder hohen Rang an, er schlägt sie aus. Dieses wird bloßen Beifall und Billigung in der Seele des Zuhörers wirken, weil es Gewinn ist. Nun fängt man es mit Androhung des Verlusts an. Es sind unter diesen Verleumdern seine besten Freunde, die ihm jetzt ihre Freundschaft aufsagen, nahe Verwandte, die ihn (der ohne Vermögen ist) zu enterben drohen, Mächtige, die ihn in jedem Orte und Zustande verfolgen und kränken können, ein Landesfürst, der ihn mit dem Verlust der Freiheit, ja des Lebens selbst bedroht. Um ihn aber, damit das Maß des Leidens voll sei, auch den Schmerz fühlen zu lassen, den nur das sittlich gute Herz recht inniglich fühlen kann, mag man seine mit äußerster Not und Dürftigkeit bedrohete Familie ihn um Nachgiebigkeit anflehend, ihn selbst, obzwar rechtschaffen, doch eben nicht von festen unempfindlichen Organen des Gefühls für Mitleid sowohl als eigener Not, in einem Augenblick, darin er wünscht, den Tag nie erlebt zu haben, der ihn einem so unaussprechlichen Schmerz aussetzte, dennoch seinem Vorsatze der Redlichkeit, ohne zu wanken oder nur zu zweifeln, treu bleibend vorstellen: so wird mein jugendlicher Zuhörer stufenweise, von der bloßen Billigung zur Bewunderung, von da zum Erstaunen, endlich bis zur größten Verehrung und einem lebhaften Wunsche, selbst ein solcher Mann sein zu können (obzwar freilich nicht in seinem Zustande), erhoben werden; und gleichwohl ist hier die Tugend nur darum so viel wert, weil sie so viel kostet, nicht weil sie etwas einbringt. Die ganze Bewunderung und selbst Bestrebung zur Ähnlichkeit mit diesem Charakter beruht hier gänzlich auf der Reinigkeit des sittlichen Grundsatzes, welche nur dadurch recht in die Augen fallend vorgestellet werden kann, daß man alles, was Menschen nur zur Glückseligkeit zählen mögen, von den Triebfedern der Handlung wegnimmt. Also muß die Sittlichkeit auf das menschliche Herz desto mehr Kraft haben, je reiner sie dargestellt wird. Woraus denn folgt, daß, wenn das Gesetz der Sitten und das Bild der Heiligkeit und Tugend auf unsere Seele überall einigen Einfluß ausüben soll, sie diesen nur so fern ausüben könne, als sie rein, unvermengt von Absichten auf sein Wohlbefinden, als Triebfeder ans Herz gelegt wird, darum weil sie sich im Leiden am herrlichsten zeigt. (IV 292f.)

Die reine und mit keinem fremden Zusatze von empirischen Anreizen vermischte Vorstellung der Pflicht und überhaupt des sittlichen Gesetzes hat auf das menschliche Herz durch den Weg der Vernunft allein (die hiebei zuerst inne wird, daß sie für sich selbst auch praktisch sein kann) einen so viel mächtigern Einfluß, als alle anderen Triebfedern, die man aus dem empirischen Felde aufbieten mag, daß sie im Bewußtsein ihrer Würde die letzteren verachtet und nach und nach ihr Meister werden kann. (IV 39)

Die Tiefen des menschlichen Herzens sind unergründlich. Wer kennt sich genugsam, wenn die Triebfeder zur Pflichtbeobachtung von ihm gefühlt wird, ob sie gänzlich aus der Vorstellung des Gesetzes hervorgehe oder ob nicht manche andere, sinnliche Antriebe mitwirken, die auf den Vorteil (oder zur Verhütung eines Nachteils) angelegt sind und bei anderer Gelegenheit auch wohl dem Laster zu Diensten stehen könnten. (IV 583)

In der Tat ist es schlechterdings unmöglich, durch Erfahrung einen einzigen Fall mit völliger Gewißheit auszumachen, da die Maxime einer sonst pflichtmäßigen Handlung lediglich auf moralischen Gründen und auf der Vorstellung seiner Pflicht beruhet habe. Denn es ist zwar bisweilen der Fall, daß wir bei der schärfsten Selbstprüfung gar nichts antreffen, was außer dem moralischen Grunde der Pflicht mächtig genug hätte sein können, uns zu dieser oder jener guten Handlung und so großer Aufopferung zu bewegen; es kann aber daraus gar nicht mit Sicherheit geschlossen werden, daß wirklich gar kein geheimer Antrieb der Selbstliebe, unter der bloßen Vorspiegelung jener Idee, die eigentliche bestimmende Ursache des Willens gewesen sei, dafür wir denn gerne uns mit einem uns fälschlich angemaßten edlern Bewegungsgrunde schmeicheln, in der Tat aber selbst durch die angestrengteste Prüfung hinter die geheimen Triebfedern niemals völlig kommen können, weil, wenn vom moralischen Werte die Rede ist, es nicht auf die Handlungen ankommt, die man sieht, sondern auf jene inneren Prinzipien derselben, die man nicht sieht. (IV 34)

Hier kann uns nun nichts vor dem gänzlichen Abfall von unseren Ideen der Pflicht bewahren und gegründete

Achtung gegen ihr Gesetz in der Seele erhalten, als die klare Überzeugung, daß, wenn es auch niemals Handlungen gegeben habe, die aus solchen reinen Quellen entsprungen wären, dennoch hier auch davon gar nicht die Rede sei, ob dies oder jenes geschehe, sondern die Vernunft für sich selbst und unabhängig von allen Erscheinungen gebiete, was geschehen soll, mithin Handlungen, von denen die Welt vielleicht bisher noch gar kein Beispiel gegeben hat, an deren Tunlichkeit sogar der, so alles auf Erfahrung gründet, sehr zweifeln möchte, dennoch durch Vernunft unnachlaßlich geboten seien und daß z.B. reine Redlichkeit in der Freundschaft um nichts weniger von jedem Menschen gefordert werden könne, wenn es gleich bis jetzt gar keinen redlichen Freund gegeben haben möchte, weil diese Pflicht als Pflicht überhaupt, vor aller Erfahrung, in der Idee einer den Willen durch Gründe a priori bestimmenden Vernunft liegt. (IV 35)

Eines ist in unserer Seele, welches, wenn wir es gehörig ins Auge fassen, wir nicht aufhören können, mit der höchsten Verwunderung zu betrachten, und wo die Bewunderung rechtmäßig, zugleich auch seelenerhebend ist; und das ist: die ursprüngliche moralische Anlage in uns überhaupt. – Was ist das (kann man sich selbst fragen) in uns, wodurch wir, von der Natur durch so viel Bedürfnisse beständig abhängige Wesen, doch zugleich über diese in der Idee einer ursprünglichen Anlage (in uns) so weit erhoben werden, daß wir sie insgesamt für nichts und uns selbst des Daseins für unwürdig halten, wenn wir ihrem Genusse, der uns doch das Leben allein wünschenswert machen kann, einem Gesetze zuwider nachhängen sollten, durch welches unsere Vernunft mächtig gebietet, ohne doch dabei weder etwas zu verheißen noch zu drohen? Das Gewicht dieser Frage muß ein jeder Mensch von der gemeinsten Fähigkeit, der vorher von der Heiligkeit, die in der Idee der Pflicht liegt, belehrt worden, der sich aber nicht bis zur Nachforschung des Begriffes der Freiheit, welcher allererst aus diesem Gesetze hervorgeht, versteigt, innigst fühlen; und selbst die Unbegreiflichkeit dieser eine göttliche Abkunft verkündigenden Anlage muß auf das Gemüt bis zur Begeisterung wirken und es zu den Aufopferungen stärken, welche ihm die Achtung für seine Pflicht nur auferlegen mag. (IV 700f.)

2. Das Sittengesetz

Pflicht ist die Notwendigkeit einer Handlung aus Achtung fürs Gesetz. Zum Objekte als Wirkung meiner vorhabenden Handlung kann ich zwar Neigung haben, aber niemals Achtung, eben darum, weil es bloß eine Wirkung und nicht Tätigkeit eines Willens ist. Eben so kann ich für Neigung überhaupt, sie mag nun meine oder eines andern seine sein, nicht Achtung haben, ich kann sie höchstens im ersten Falle billigen, im zweiten bisweilen selbst lieben, d.i. sie als meinem eigenen Vorteile günstig ansehen. Nur das, was bloß als Grund, niemals aber als Wirkung mit meinem Willen verknüpft ist, was nicht meiner Neigung dient, sondern sie überwiegt, wenigstens diese von deren Überschlage bei der Wahl ganz ausschließt, mithin das bloße Gesetz für sich, kann ein Gegenstand der Achtung und hiemit ein Gebot sein. Nun soll eine Handlung aus Pflicht den Einfluß der Neigung und mit ihr jeden Gegenstand des Willens ganz absondern, also bleibt nichts für den Willen übrig, was ihn bestimmen könne, als, objektiv, das Gesetz, und, subjektiv, reine Achtung für dieses praktische Gesetz, mithin die Maxime, einem solchen Gesetze, selbst mit Abbruch aller meiner Neigungen, Folge zu leisten. (IV 26f.)

Was kann das aber wohl für ein Gesetz sein, dessen Vorstellung, auch ohne auf die daraus erwartete Wirkung Rücksicht zu nehmen, den Willen bestimmen muß, damit dieser schlechterdings und ohne Einschränkung gut heißen könne? Da ich den Willen aller Antriebe beraubet habe, die ihm aus der Befolgung irgend eines Gesetzes entspringen könnten, so bleibt nichts als die allgemeine Gesetzmäßigkeit der Handlungen überhaupt übrig, welche allein dem Willen zum Prinzip dienen soll, d.i. ich soll niemals anders verfahren, als so, daß ich auch wollen könne, meine Maxime solle ein allgemeines Gesetz werden. Hier ist nun die bloße Gesetzmäßigkeit überhaupt (ohne irgend ein auf gewisse Handlungen bestimmtes Gesetz zum Grunde zu legen) das, was dem Willen zum Prinzip dient und ihm auch dazu dienen muß, wenn Pflicht nicht überall ein leerer Wahn und chimärischer Begriff sein soll; hiemit stimmt die gemeine Menschenvernunft in ihrer praktischen Beurteilung auch vollkommen überein und hat das gedachte Prinzip jederzeit vor Augen. (IV 28f.)

Handle so, daß die Maxime deines Willens jederzeit zugleich als Prinzip einer allgemeinen Gesetzgebung gelten könne. (IV 140)

Das gerade Widerspiel des Prinzips der Sittlichkeit ist: wenn das der eigenen Glückseligkeit zum Bestimmungsgrunde des Willens gemacht wird. (IV 146)

Die Frage sei z. B.: darf ich, wenn ich im Gedränge bin, nicht ein Versprechen tun, in der Absicht, es nicht zu halten? Um mich in Ansehung der Beantwortung dieser Aufgabe, ob ein lügenhaftes Versprechen pflichtmäßig sei, auf die allerkürzeste und doch untrügliche Art zu belehren, so frage ich mich selbst: würde ich wohl damit zufrieden sein, daß meine Maxime (mich durch ein unwahres Versprechen aus Verlegenheit zu ziehen) als ein allgemeines Gesetz (sowohl für mich als andere) gelten solle, und würde ich wohl zu mir sagen können: es mag jedermann ein unwahres Versprechen tun, wenn er sich in Verlegenheit befindet, daraus er sich auf andere Art nicht ziehen kann? So werde ich bald inne, daß ich zwar die Lüge, aber ein allgemeines Gesetz zu lügen gar nicht wollen könne; denn nach einem solchen würde es eigentlich gar kein Versprechen geben, weil es vergeblich wäre, meinen Willen in Ansehung meiner künftigen Handlungen andern vorzugeben, die diesem Vorgeben doch nicht glauben oder, wenn sie es übereilter Weise täten, mich doch mit gleicher Münze bezahlen würden, mithin meine Maxime, so bald sie zum allgemeinen Gesetze gemacht würde, sich selbst zerstören müsse.

(IV 29f.)

Was ich also zu tun habe, damit mein Wollen sittlich gut sei, dazu brauche ich gar keine weit ausholende Scharfsinnigkeit. Unerfahren in Ansehung des Weltlaufs, unfähig, auf alle sich ereignenden Vorfälle desselben gefaßt zu sein, frage ich mich nur: Kannst du auch wollen, daß deine Maxime ein allgemeines Gesetz werde? wo nicht, so ist sie verwerflich, und das zwar nicht um eines dir, oder auch anderen, daraus bevorstehenden Nachteils willen, sondern weil sie nicht als Prinzip in eine mögliche allgemeine Gesetzgebung passen kann; für diese aber zwingt mir die Vernunft unmittelbare Achtung ab.

(IV 30)

Handle so, als ob die Maxime deiner Handlung durch deinen Willen zum allgemeinen Naturgesetze werden sollte. (IV 51)

Einer, der durch eine Reihe von Übeln, die bis zur Hoffnungslosigkeit angewachsen ist, einen Überdruß am Leben empfindet, ist noch so weit im Besitze seiner Vernunft, daß er sich selbst fragen kann, ob es auch nicht etwa der Pflicht gegen sich selbst zuwider sei, sich das Leben zu nehmen. Nun versucht er: ob die Maxime seiner Handlung wohl ein allgemeines Naturgesetz werden könne. Seine Maxime aber ist: ich mache es mir aus Selbstliebe zum Prinzip, wenn das Leben bei seiner längern Frist mehr Übel droht, als es Annehmlichkeit verspricht, es mir abzukürzen. Es frägt sich nur noch, ob dieses Prinzip der Selbstliebe ein allgemeines Naturgesetz werden könne. Da sieht man aber bald, daß eine Natur, deren Gesetz es wäre, durch dieselbe Empfindung, deren Bestimmung es ist, zur Beförderung des Lebens anzutreiben, das Leben selbst zu zerstören, ihr selbst widersprechen und also nicht als Natur bestehen würde, mithin jene Maxime unmöglich als allgemeines Naturgesetz stattfinden könne und folglich dem obersten Prinzip aller Pflicht gänzlich widerstreite. (IV 52)

Ein anderer sieht sich durch Not gedrungen, Geld zu borgen. Er weiß wohl, daß er nicht wird bezahlen können, sieht aber auch, daß ihm nichts geliehen werden wird, wenn er nicht festiglich verspricht, es zu einer bestimmten Zeit zu bezahlen. Er hat Lust, ein solches Versprechen zu tun, noch aber hat er so viel Gewissen, sich zu fragen: ist es nicht unerlaubt und pflichtwidrig, sich auf solche Art aus Not zu helfen? Gesetzt, er beschlösse es doch, so würde seine Maxime der Handlung so lauten: wenn ich mich in Geldnot zu sein glaube, so will ich Geld borgen und versprechen, es zu bezahlen, ob ich gleich weiß, es werde niemals geschehen. Nun ist dieses Prinzip der Selbstliebe oder der eigenen Zuträglichkeit mit meinem ganzen künftigen Wohlbefinden vielleicht wohl zu vereinigen, allein jetzt ist die Frage: ob es recht sei? Ich verwandle also die Zumutung der Selbstliebe in ein allgemeines Gesetz und richte die Frage so ein: wie es dann stehen würde, wenn meine Maxime ein allgemeines Gesetz würde. Da sehe ich nun sogleich, daß sie niemals als allgemeines Naturgesetz gelten und mit sich selbst zusammenstimmen könne, sondern sich notwendig widersprechen müsse. Denn die Allgemeinheit eines Gesetzes, daß jeder, nachdem er in Not zu sein glaubt, versprechen könne, was ihm einfällt, mit dem Vorsatz, es nicht zu halten, würde das Versprechen und den Zweck, den man damit haben mag, selbst unmöglich machen, indem niemand glauben würde, daß ihm was versprochen sei, sondern über alle solche Äußerung, als eitles Vorgeben, lachen würde. (IV 52f.)

Ein dritter findet in sich ein Talent, welches vermittelst einiger Kultur ihn zu einem in allerlei Absicht brauchbaren Menschen machen könnte. Er sieht sich aber in bequemen Umständen und zieht vor, lieber dem Vergnügen nachzuhängen, als sich mit Erweiterung und Verbesserung seiner glücklichen Naturanlagen zu bemühen. Noch frägt er aber: ob, außer der Übereinstimmung, die seine Maxime der Verwahrlosung seiner Naturgaben mit seinem Hange zur Ergötzlichkeit an sich hat, sie auch mit dem, was man Pflicht nennt, übereinstimme. Da sieht er nun, daß zwar eine Natur nach einem solchen allgemeinen Gesetze immer noch bestehen könne, obgleich der Mensch (so wie die Südsee-Einwohner) sein Talent rosten ließe und sein Leben bloß auf Müßiggang, Ergötzlichkeit, Fortpflanzung, mit einem Wort, auf Genuß zu verwenden bedacht wäre; allein er kann unmöglich wollen, daß dieses ein allgemeines Naturgesetz werde, oder als ein solches in uns durch Naturinstinkt gelegt sei. Denn als ein vernünftiges Wesen will er notwendig, daß alle Vermögen in ihm entwickelt werden, weil sie ihm doch zu allerlei möglichen Absichten dienlich und gegeben sind. (IV 53f.)

Noch denkt ein vierter, dem es wohl geht, indessen er sieht, daß andere mit großen Mühseligkeiten zu kämpfen haben (denen er auch wohl helfen könnte): was geht's mich an? mag doch ein jeder so glücklich sein, als es der Himmel will oder er sich selbst machen kann, ich werde ihm nichts entziehen, ja nicht einmal beneiden; nur zu seinem Wohlbefinden, oder seinem Beistande in der Not, habe ich nicht Lust, etwas beizutragen! Nun könnte allerdings, wenn eine solche Denkungsart ein allgemeines Naturgesetz würde, das menschliche Geschlecht gar wohl bestehen und ohne Zweifel noch besser, als wenn jedermann von Teilnehmung und Wohlwollen schwatzt, auch sich beeifert, gelegentlich dergleichen auszuüben, dagegen aber auch, wo er nur kann, betrügt, das Recht der Menschen verkauft, oder ihm sonst Abbruch tut. Aber, obgleich es möglich ist, daß nach jener Maxime ein allgemeines Naturgesetz wohl bestehen könnte: so ist es doch unmöglich, zu wollen, daß ein solches Prinzip als Naturgesetz allenthalben gelte. Denn ein Wille, der dieses beschlösse, würde sich selbst widerstreiten, indem der Fälle sich doch manche ereignen können, wo er anderer Liebe und Teilnehmung bedarf und wo er, durch ein solches aus seinem eigenen Willen entsprungenes Naturgesetz, sich selbst alle Hoffnung des Beistandes, den er sich wünscht, rauben würde. (IV 54)

Handle so, daß du die Menschheit, sowohl in deiner Person, als in der Person eines jeden andern, jederzeit zugleich als Zweck, niemals bloß als Mittel brauchest.

(IV 61)

Es wird derjenige, der mit Selbstmorde umgeht, sich fragen, ob seine Handlung mit der Idee der Menschheit, als Zwecks an sich selbst, zusammen bestehen könne. Wenn er, um einem beschwerlichen Zustande zu entfliehen, sich selbst zerstört, so bedient er sich einer Person bloß als eines Mittels zur Erhaltung eines erträglichen Zustandes bis zum Ende des Lebens. Der Mensch aber ist keine Sache, mithin nicht etwas, das bloß als Mittel gebraucht werden kann, sondern muß bei allen seinen Handlungen jederzeit als Zweck an sich selbst betrachtet werden. Also kann ich über den Menschen in meiner Person nichts disponieren, ihn zu verstümmeln, zu verderben, oder zu töten. (IV 61)

Diese Achtung erweckende Idee der Persönlichkeit, welche uns die Erhabenheit unserer Natur (ihrer Bestimmung nach) vor Augen stellt, indem sie uns zugleich den Mangel der Angemessenheit unseres Verhaltens in Ansehung derselben bemerken läßt und dadurch den Eigendünkel niederschlägt, ist selbst der gemeinsten Menschenvernunft natürlich und leicht bemerklich. Hat nicht jeder auch nur mittelmäßig ehrliche Mann bisweilen gefunden, daß er eine sonst unschädliche Lüge, dadurch er sich entweder selbst aus einem verdrießlichen Handel ziehen oder wohl gar einem geliebten und verdienstvollen Freunde Nutzen schaffen konnte, bloß darum unterließ, um sich insgeheim in seinen eigenen Augen nicht verachten zu dürfen? Hält nicht einen rechtschaffenen Mann im größten Unglücke des Lebens, das er vermeiden konnte, wenn er sich nur hätte über die Pflicht wegsetzen können, noch das Bewußtsein aufrecht, daß er die Menschheit in seiner Person doch in ihrer Würde erhalten und geehrt habe, daß er sich nicht vor sich selbst zu schämen und den inneren Anblick der Selbstprüfung zu scheuen Ursache habe? (IV 211)

Ich nehme an, daß es wirklich reine moralische Gesetze gebe, die völlig a priori (ohne Rücksicht auf empirische Bewegungsgründe, d.i. Glückseligkeit) das Tun und Lassen, d.i. den Gebrauch der Freiheit eines vernünftigen Wesens überhaupt, bestimmen und daß diese Gesetze schlechterdings (nicht bloß hypothetisch unter Voraussetzung anderer empirischer Zwecke) gebieten und also in aller Absicht notwendig sind. Diesen Satz kann ich mit Recht voraussetzen, nicht allein, indem ich mich auf die Beweise der aufgeklärtesten Moralisten, sondern auf das sittliche Urteil eines jeden Menschen berufe, wenn er sich ein dergleichen Gesetz deutlich denken will. (II 678)

3. Freiheit, Gewissen, Würde des Menschen

Wäre dieses Gesetz nicht in uns gegeben, wir würden es, als ein solches, durch keine Vernunft herausklügeln oder der Willkür anschwatzen: und doch ist dieses Gesetz das einzige, was uns der Unabhängigkeit unsrer Willkür von der Bestimmung durch alle andern Triebfedern (unsrer Freiheit) und hiemit zugleich der Zurechnungsfähigkeit aller Handlungen bewußt macht. (IV 673)

Freiheit und unbedingtes praktisches Gesetz weisen wechselweise auf einander zurück. *Es* ist das moralische Gesetz, dessen wir uns unmittelbar bewußt werden (so bald wir uns Maximen des Willens entwerfen), welches sich uns zuerst darbietet und, indem die Vernunft jenes als einen durch keine sinnlichen Bedingungen zu überwiegenden, ja davon gänzlich unabhängigen Bestimmungsgrund darstellt, gerade auf den Begriff der Freiheit führt. (IV 139)

Nun findet jeder Mensch in seiner Vernunft die Idee der Pflicht und zittert beim Anhören ihrer ehernen Stimme, wenn sich in ihm Neigungen regen, die ihn zum Ungehorsam gegen sie versuchen. Er ist überzeugt: daß, wenn auch die letztern insgesamt vereinigt sich gegen jene verschwören, die Majestät des Gesetzes, welches ihm seine eigene Vernunft vorschreibt, sie doch alle unbedenklich überwiegen müsse und sein Wille also auch dazu vermögend sei. (III 392)

Setzet, daß jemand von seiner wollüstigen Neigung vorgibt, sie sei, wenn ihm der beliebte Gegenstand und die Gelegenheit dazu vorkämen, für ihn ganz unwiderstehlich: ob, wenn ein Galgen vor dem Hause, da er diese Gelegenheit trifft, aufgerichtet wäre, um ihn sogleich nach genossener Wollust daran zu knüpfen, er alsdann nicht seine Neigung bezwingen würde. Man darf nicht lange raten, was er antworten würde. Fragt ihn aber, ob, wenn sein Fürst ihm, unter Androhung derselben unverzögerten Todesstrafe, zumutete, ein falsches Zeugnis wider einen ehrlichen Mann, den er gerne unter scheinbaren Vorwänden verderben möchte, abzulegen, ob er da, so groß auch seine Liebe zum Leben sein mag, sie wohl zu überwinden für möglich halte. Ob er es tun würde, oder nicht, wird er vielleicht sich nicht getrauen zu versichern; daß es ihm aber möglich sei, muß er ohne Bedenken einräumen. Er urteilet also, daß er etwas kann, darum, weil er sich bewußt ist, daß er es soll, und erkennt in sich die Freiheit, die ihm sonst ohne das moralische Gesetz unbekannt geblieben wäre. (IV 140)

Ob nun gleich hieraus eine Dialektik der Vernunft entspringt, da in Ansehung des Willens die ihm beigelegte Freiheit mit der Naturnotwendigkeit im Widerspruch zu stehen scheint und, bei dieser Wegescheidung, die Vernunft in spekulativer Absicht den Weg der Naturnotwendigkeit viel gebahnter und brauchbarer findet als den der Freiheit: so ist doch in praktischer Absicht der Fußsteig der Freiheit der einzige, auf welchem es möglich ist, von seiner Vernunft bei unserem Tun und Lassen Gebrauch zu machen; daher wird es der subtilsten Philosophie eben so unmöglich, wie der gemeinsten Menschenvernunft, die Freiheit wegzuvernünfteln. (IV 92)

Als ein vernünftiges, mithin zur intelligibelen Welt gehöriges Wesen kann der Mensch die Kausalität seines eigenen Willens niemals anders als unter der Idee der Freiheit denken; denn Unabhängigkeit von den bestimmenden Ursachen der Sinnenwelt (dergleichen die Vernunft jederzeit sich selbst beilegen muß) ist Freiheit. (IV 88)

Daß der Mensch sich bewußt ist, er könne dieses, weil er es soll: das eröffnet in ihm eine Tiefe göttlicher Anlagen, die ihn gleichsam einen heiligen Schauer über die Größe und Erhabenheit seiner wahren Bestimmung fühlen läßt. (VI 142)

Hiemit stimmen auch die Richteraussprüche desjenigen wundersamen Vermögens in uns, welches wir Gewissen nennen, vollkommen überein. Ein Mensch mag künsteln, soviel als er will, um ein gesetzwidriges Betragen, dessen er sich erinnert, sich als unvorsätzliches Versehen, als bloße Unbehutsamkeit, die man niemals gänzlich vermeiden kann, folglich als etwas, worin er vom Strom der Naturnotwendigkeit fortgerissen wäre, vorzumalen und sich darüber für schuldfrei zu erklären, so findet er doch, daß der Advokat, der zu seinem Vorteil spricht, den Ankläger in ihm keinesweges zum Verstummen bringen könne, wenn er sich bewußt ist, daß er zu der Zeit, als er das Unrecht verübte, nur bei Sinnen, d.i. im Gebrauche seiner Freiheit war, und gleichwohl erklärt er sich sein Vergehen aus gewisser übeln, durch allmähliche Vernachlässigung der Achtsamkeit auf sich selbst zugezogener Gewohnheit, bis auf den Grad, daß er es als eine natürliche Folge derselben ansehen kann, ohne daß dieses ihn gleichwohl wider den Selbsttadel und den Verweis sichern kann, den er sich selbst macht. Darauf gründet sich denn auch die Reue über eine längst begangene Tat bei jeder Erinnerung derselben; eine schmerzhafte, durch moralische Gesinnung gewirkte Empfindung, die so fern praktisch leer ist, als sie nicht dazu dienen kann, das Geschehene ungeschehen zu machen, und sogar ungereimt sein würde, aber, als Schmerz, doch ganz rechtmäßig ist, weil die Vernunft, wenn es auf das Gesetz unserer intelligibelen Existenz (das moralische) ankommt, keinen Zeitunterschied anerkennt und nur frägt, ob die Begebenheit mir als Tat angehöre, alsdann aber immer dieselbe Empfindung damit moralisch verknüpft, sie mag jetzt geschehen oder vorlängst geschehen sein. (IV 223f.)

Jeder Mensch hat Gewissen und findet sich durch einen inneren Richter beobachtet, bedroht und überhaupt im Respekt (mit Furcht verbundener Achtung) gehalten, und diese über die Gesetze in ihm wachende Gewalt ist nicht etwas, was er sich selbst (willkürlich) macht, sondern es ist seinem Wesen einverleibt. Es folgt ihm wie sein Schatten, wenn er zu entfliehen gedenkt. Er kann sich zwar durch Lüste und Zerstreuungen betäuben oder in Schlaf bringen, aber nicht vermeiden, dann und wann zu sich selbst zu kommen oder zu erwachen, wo er alsbald die furchtbare Stimme desselben vernimmt. Er kann es, in seiner äußersten Verworfenheit, allenfalls dahin bringen, sich daran gar nicht mehr zu kehren, aber sie zu hören kann er doch nicht vermeiden. (IV 573)

Es ist etwas in uns, was zu bewundern wir niemals aufhören können, wenn wir es einmal ins Auge gefaßt haben, und dieses ist zugleich dasjenige, was die Menschheit in der Idee zu einer Würde erhebt, die man am Menschen, als Gegenstande der Erfahrung, nicht vermuten sollte. Daß wir den moralischen Gesetzen unterworfene und zu deren Beobachtung selbst mit Aufopferung aller ihnen widerstreitenden Lebensannehmlichkeiten durch unsere Vernunft bestimmte Wesen sind, darüber wundert man sich nicht, weil es objektiv in der natürlichen Ordnung der Dinge als Objekt der reinen Vernunft liegt, jenen Gesetzen zu gehorchen: ohne daß es dem gemeinen und gesunden Verstande nur einmal einfällt, zu fragen, woher uns jene Gesetze kommen mögen, um vielleicht, bis wir ihren Ursprung wissen, die Befolgung derselben aufzuschieben oder wohl gar ihre Wahrheit zu bezweifeln. – Aber daß wir auch das Vermögen dazu haben, der Moral mit unserer sinnlichen Natur so große Opfer zu bringen, daß wir das auch können, wovon wir ganz leicht und klar begreifen, daß wir es sollen, diese Überlegenheit des übersinnlichen Menschen in uns über den sinnlichen, desjenigen, gegen den der letztere (wenn es zum Widerstreit kommt) nichts ist, ob dieser zwar in seinen eigenen Augen alles ist, diese moralische, von der Menschheit unzertrennliche Anlage in uns ist ein Gegenstand der höchsten Bewunderung, die, je länger man dieses wahre (nicht erdachte) Ideal ansieht, nur immer desto höher steigt. (VI 327f.)

Nun stelle ich den Menschen auf, wie er sich selbst fragt: Was ist das in mir, welches macht, daß ich die innigsten Anlockungen meiner Triebe und alle Wünsche, die aus meiner Natur hervorgehen, einem Gesetze aufopfern kann, welches mir keinen Vorteil zum Ersatz verspricht und keinen Verlust bei Übertretung desselben androht; ja das ich nur um desto inniglicher verehre, je strenger es gebietet und je weniger es dafür anbietet? Diese Frage regt durch das Erstaunen über die Größe und Erhabenheit der inneren Anlage in der Menschheit und zugleich die Undurchdringlichkeit des Geheimnisses, welches sie verhüllt (denn die Antwort: es ist die Freiheit, wäre tautologisch, weil diese eben das Geheimnis selbst ausmacht), die ganze Seele auf. Man kann nicht satt werden, sein Augenmerk darauf zu richten und in sich selbst eine Macht zu bewundern, die keiner Macht der Natur weicht. (III 392f.)

Allein der Mensch als Person betrachtet, d.i. als Subjekt einer moralisch-praktischen Vernunft, ist über allen Preis erhaben; denn als ein solcher ist er nicht bloß als Mittel zu anderer ihren, ja selbst seinen eigenen Zwekken, sondern als Zweck an sich selbst zu schätzen, d.i. er besitzt eine Würde (einen absoluten innern Wert), wodurch er allen andern vernünftigen Weltwesen Achtung für ihn abnötigt, sich mit jedem anderen dieser Art messen und auf den Fuß der Gleichheit schätzen kann.

(IV 569)

Von dem Menschen (und so jedem vernünftigen Wesen in der Welt), als einem moralischen Wesen, kann nicht weiter gefragt werden: wozu er existiere. Sein Dasein hat den höchsten Zweck selbst in sich. (V 538)

Die Würde der Menschheit verleugnen wir, wenn wir z.E. uns dem Trunke ergeben, unnatürliche Sünden begehen, alle Arten von Unmäßigkeit ausüben usw., welches alles den Menschen weit unter die Tiere erniedriget. Ferner, wenn ein Mensch sich kriechend gegen andere beträgt, immer Komplimente macht, um sich durch ein so unwürdiges Benehmen, wie er wähnt, einzuschmeicheln, so ist auch dieses wider die Würde der Menschheit. (VI 749f.)

4. Die Verderbtheit des Menschen

Daß die Welt im Argen liege: ist eine Klage, die so alt ist, als die Geschichte, selbst als die noch ältere Dichtkunst, ja gleich alt mit der ältesten unter allen Dichtungen, der Priesterreligion. Alle lassen gleichwohl die Welt vom Guten anfangen: vom goldenen Zeitalter, vom Leben im Paradiese, oder von einem noch glücklichern, in Gemeinschaft mit himmlischen Wesen. Aber dieses Glück lassen sie bald wie einen Traum verschwinden und nun den Verfall ins Böse (das Moralische, mit welchem das Physische immer zu gleichen Paaren ging) zum Ärgern mit akzeleriertem Falle eilen: so daß wir jetzt (dieses Jetzt aber ist so alt, als die Geschichte) in der letzten Zeit leben, der jüngste Tag und der Welt Untergang vor der Tür ist.

(IV 665)

Die Vorsehung im Laufe der Welt ist hiebei gerechtfertigt; denn das moralische Prinzip im Menschen erlöscht nie, die, pragmatisch, zur Ausführung der rechtlichen Ideen nach jenem Prinzip tüchtige Vernunft wächst noch dazu beständig durch immer fortschreitende Kultur, mit ihr aber auch die Schuld jener Übertretungen. Die Schöpfung allein: daß nämlich ein solcher Schlag von verderbten Wesen überhaupt hat auf Erden sein sollen, scheint durch keine Theodizee gerechtfertigt werden zu können (wenn wir annehmen, daß es mit dem Menschengeschlechte nie besser bestellt sein werde noch könne); aber dieser Standpunkt der Beurteilung ist für uns viel zu hoch, als daß wir unsere Begriffe (von Weisheit) der obersten uns unerforschlichen Macht in theoretischer Absicht unterlegen könnten. (VI 243)

Die Verderbtheit des menschlichen Herzens ist der Hang der Willkür zu Maximen, die Triebfeder aus dem moralischen Gesetz andern (nicht moralischen) nachzusetzen. Sie kann auch die Verkehrtheit des menschlichen Herzens heißen, weil sie die sittliche Ordnung in Ansehung der Triebfedern einer freien Willkür umkehrt, und, obzwar damit noch immer gesetzlich gute (legale) Handlungen bestehen können, so wird doch die Denkungsart dadurch in ihrer Wurzel (was die moralische Gesinnung betrifft) verderbt und der Mensch darum als böse bezeichnet. (IV 677)

Die Bösartigkeit der menschlichen Natur ist nicht sowohl Bosheit, wenn man dieses Wort in strenger Bedeutung nimmt, nämlich als eine Gesinnung (subjektives Prinzip der Maximen), das Böse als Böses zur Triebfeder in seine Maxime aufzunehmen (denn die ist teuflisch), sondern vielmehr Verkehrtheit des Herzens, welches nun, der Folge wegen, auch ein böses Herz heißt, zu nennen. (IV 686)

Der Satz: der Mensch ist böse, kann nichts anders sagen wollen, als: er ist sich des moralischen Gesetzes bewußt und hat doch die (gelegenheitliche) Abweichung von demselben in seine Maxime aufgenommen. Er ist von Natur böse, heißt so viel, als: dieses gilt von ihm in seiner Gattung betrachtet; nicht als ob solche Qualität aus seinem Gattungsbegriffe (dem eines Menschen überhaupt) könne gefolgert werden (denn alsdann wäre sie notwendig), sondern er kann nach dem wie man ihn durch Erfahrung kennt, nicht anders beurteilt werden, oder man kann es, als subjektiv notwendig, in jedem, auch dem besten Menschen voraussetzen. Da dieser Hang nun selbst als moralisch böse, mithin nicht als Naturanlage, sondern als etwas, was dem Menschen zugerechnet werden kann, betrachtet werden, folglich in gesetzwidrigen Maximen der Willkür bestehen muß; diese aber, der Freiheit wegen, für sich als zufällig angesehen werden müssen, welches mit der Allgemeinheit dieses Bösen sich wiederum nicht zusammen reimen will, wenn nicht der subjektive oberste Grund aller Maximen mit der Menschheit selbst, es sei, wodurch es wolle, verwebt und darin gleichsam gewurzelt ist: so werden wir diesen einen natürlichen Hang zum Bösen und, da er doch immer selbstverschuldet sein muß, ihn selbst ein radikales, angebornes (nichts destoweniger aber uns von uns selbst zugezogenes) Böses in der menschlichen Natur nennen können. (IV 680)

Daß ein solcher verderbter Hang im Menschen gewurzelt sein müsse, darüber können wir uns, bei der Menge schreiender Beispiele, welche uns die Erfahrung an den Taten der Menschen vor Augen stellt, den förmlichen Beweis ersparen. Will man sie aus demjenigen Zustande haben, in welchem manche Philosophen die natürliche Gutartigkeit der menschlichen Natur vorzüglich anzutreffen hofften, nämlich aus dem sogenannten Naturstande: so darf man nur die Auftritte von ungereizter Grausamkeit in den Mordszenen auf Tofoa, Neuseeland, den Navigatorsinseln, und die nie aufhörende in den weiten Wüsten des nordwestlichen Amerika, wo sogar kein Mensch den mindesten Vorteil davon hat, mit jener Hypothese vergleichen, und man hat Laster der Rohigkeit, mehr als nötig ist, um von dieser Meinung abzugehen. Ist man aber für die Meinung gestimmt, daß sich die menschliche Natur im gesitteten Zustand (worin sich ihre Anlagen vollständiger entwickeln können) besser erkennen lasse: so wird man eine lange melancholische Litanei von Anklagen der Menschheit anhören müssen: von geheimer Falschheit, selbst bei der innigsten Freundschaft, so daß die Mäßigung des Vertrauens in wechselseitiger Eröffnung auch der besten Freunde zur allgemeinen Maxime der Klugheit im Umgange gezählt wird; von einem Hange, denjenigen zu hassen, dem man verbindlich ist, worauf ein Wohltäter jederzeit gefaßt sein müsse; von einem herzlichen Wohlwollen, welches doch die Bemerkung zuläßt, »es sei in dem Unglück unsrer besten Freunde etwas, das uns nicht ganz mißfällt«; und von vielen andern unter dem Tugendscheine noch verborgenen, geschweige derjenigen Laster, die ihrer gar nicht hehl haben, weil uns der schon gut heißt, der ein böser Mensch von der allgemeinen Klasse ist: und er wird an den Lastern der Kultur und Zivilisierung (den kränkendsten unter allen) genug haben, um sein Auge lieber vom Betragen der Menschen abzuwenden, damit er sich nicht selbst ein anderes Laster, nämlich den Menschenhaß, zuziehe. Ist er aber damit noch nicht zufrieden, so darf er nur den aus beiden auf wunderliche Weise zusammengesetzten, nämlich den äußern Völkerzustand in Betrachtung ziehen, da zivilisierte Völkerschaften gegen einander im Verhältnisse des rohen Naturstandes (eines Standes der beständigen Kriegsverfassung) stehen und sich auch fest in den Kopf gesetzt haben, nie daraus zu gehen. (IV 680ff.)

Wie es möglich sei, daß ein natürlicherweise böser Mensch sich selbst zum guten Menschen mache, das übersteigt alle unsere Begriffe; denn wie kann ein böser Baum gute Früchte bringen? Da aber doch ein ursprünglich (der Anlage nach) guter Baum arge Früchte hervorgebracht hat und der Verfall vom Guten ins Böse (wenn man wohl bedenkt, daß dieses aus der Freiheit entspringt) nicht begreiflicher ist, als das Wiederaufstehen aus dem Bösen zum Guten: so kann die Möglichkeit des letztern nicht bestritten werden. Denn, ungeachtet jenes Abfalls, erschallt doch das Gebot: wir sollen bessere Menschen werden, unvermindert in unserer Seele; folglich müssen wir es auch können, sollte auch das, was wir tun können, für sich allein unzureichend sein und wir uns dadurch nur eines für uns unerforschlichen höheren Beistandes empfänglich machen. – Freilich muß hiebei vorausgesetzt werden, daß ein Keim des Guten in seiner ganzen Reinigkeit übrig geblieben, nicht vertilgt oder verderbt werden konnte. (IV 695)

Daß aber jemand nicht bloß ein gesetzlich, sondern ein moralisch guter (Gott wohlgefälliger) Mensch, d.i. tugendhaft nach dem intelligiblen Charakter, werde, welcher, wenn er etwas als Pflicht erkennt, keiner andern Triebfeder weiter bedarf als dieser Vorstellung der Pflicht selbst: das kann nicht durch allmähliche Reform, so lange die Grundlage der Maximen unlauter bleibt, sondern muß durch eine Revolution in der Gesinnung im Menschen (einen Übergang zur Maxime der Heiligkeit derselben) bewirkt werden. (IV 698)

Tugend ist die Stärke der Maxime des Menschen in Befolgung seiner Pflicht. – Alle Stärke wird nur durch Hindernisse erkannt, die sie überwältigen kann; bei der Tugend aber sind diese die Naturneigungen, welche mit dem sittlichen Vorsatz in Streit kommen können, und, da der Mensch es selbst ist, der seinen Maximen diese Hindernisse in den Weg legt, so ist die Tugend nicht bloß ein Selbstzwang (denn da könnte eine Naturneigung die andere zu bezwingen trachten), sondern auch ein Zwang nach einem Prinzip der innern Freiheit, mithin durch die bloße Vorstellung seiner Pflicht nach dem formalen Gesetz derselben. (IV 525)

Die Tugenden sind entweder Tugenden des Verdienstes, oder bloß der Schuldigkeit, oder der Unschuld. Zu den erstern gehört: Großmut (in Selbstüberwindung, sowohl der Rache, als der Gemächlichkeit und der Habsucht), Wohltätigkeit, Selbstbeherrschung; zu den zweiten: Redlichkeit, Anständigkeit und Friedfertigkeit; zu den dritten endlich: Ehrlichkeit, Sittsamkeit und Genügsamkeit. (VI 753)

Erkenne (erforsche, ergründe) dich selbst nicht nach deiner physischen Vollkommenheit (der Tauglichkeit oder Untauglichkeit zu allerlei dir beliebigem oder auch gebotenem Zwecke), sondern nach der moralischen, in Beziehung auf deine Pflicht – dein Herz –, ob es gut oder böse sei. (IV 576)

Die moralische Selbsterkenntnis, die in die schwerer zu ergründenden Tiefen (Abgrund) des Herzens zu dringen verlangt, ist aller menschlichen Weisheit Anfang. Denn die letztere, welche in der Zusammenstimmung des Willens eines Wesens zum Endzweck besteht, bedarf beim Menschen zu allererst die Wegräumung der inneren Hindernisse (eines bösen in ihm genisteten Willens) und dann, die Entwickelung der nie verlierbaren ursprünglichen Anlage eines guten Willens in ihm zu entwickeln (nur die Höllenfahrt der Selbsterkenntnis bahnt den Weg zur Vergötterung). (IV 576)

Zur inneren Freiheit werden zwei Stücke erfordert: seiner selbst in einem gegebenen Fall Meister und über sich selbst Herr zu sein, d.i. seine Affekte zu zähmen und seine Leidenschaften zu beherrschen. (IV 539)

Das Vermögen, sich überhaupt irgend einen Zweck zu setzen, ist das Charakteristische der Menschheit (zum Unterschiede von der Tierheit). Mit dem Zwecke der Menschheit in unserer eigenen Person ist also auch der Vernunftwille, mithin die Pflicht verbunden, sich um die Menschheit durch Kultur überhaupt verdient zu machen, sich das Vermögen zu Ausführung allerlei möglicher Zwecke, sofern dieses in dem Menschen selbst anzutreffen ist, zu verschaffen oder es zu fördern, d.i. eine Pflicht zur Kultur der rohen Anlagen seiner Natur, als wodurch das Tier sich allererst zum Menschen erhebt: mithin Pflicht an sich selbst. (IV 522)

Es ist ein heiliges, unbedingt gebietendes, durch keine Konvenienzen einzuschränkendes Vernunftgebot: in allen Erklärungen wahrhaft (ehrlich) zu sein. (IV 639)

Es ist Pflicht, sowohl gegen sich selbst, als auch gegen andere, mit seinen sittlichen Vollkommenheiten unter einander Verkehr zu treiben, sich nicht zu isolieren; zwar sich einen unbeweglichen Mittelpunkt seiner Grundsätze zu machen, aber diesen um sich gezogenen Kreis doch auch als einen, der den Teil von einem allbefassenden, der weltbürgerlichen Gesinnung, ausmacht, anzusehen; nicht eben um das Weltbeste als Zweck zu befördern, sondern nur die wechselseitige Teilnehmung, die indirekt dahin führt, die Annehmlichkeit in derselben, die Verträglichkeit, die wechselseitige Liebe und Achtung (Leutseligkeit und Wohlanständigkeit) zu kultivieren und so der Tugend die Grazien beizugesellen; welches zu bewerkstelligen selbst Tugendpflicht ist. (IV 613)

Teilnehmende Empfindung ist überhaupt Pflicht.
(IV 593)

So ist es Pflicht: nicht die Stellen, wo sich Arme befinden, denen das Notwendigste abgeht, umzugehen, sondern sie aufzusuchen, nicht die Krankenstuben oder die Gefängnisse der Schuldner u. dergl. zu fliehen, um dem schmerzhaften Mitgefühl, dessen man sich nicht erwehren könne, auszuweichen; weil dieses doch einer der in uns von der Natur gelegten Antriebe ist, dasjenige zu tun, was die Pflichtvorstellung für sich allein nicht ausrichten würde. (IV 595)

Die Maxime des Wohlwollens (die praktische Menschenliebe) ist aller Menschen Pflicht gegeneinander, man mag diese nun liebenswürdig finden oder nicht, nach dem ethischen Gesetz der Vollkommenheit: Liebe deinen Nebenmenschen als dich selbst. (IV 587)

Anderen Menschen nach unserem Vermögen wohlzutun ist Pflicht, man mag sie lieben oder nicht, und diese Pflicht verliert nichts an ihrem Gewicht, wenn man gleich die traurige Bemerkung machen müßte, daß unsere Gattung, leider! dazu nicht geeignet ist, daß, wenn man sie näher kennt, sie sonderlich liebenswürdig befunden werden dürfte. (IV 533)

Dankbarkeit ist Pflicht. (IV 592)

Daher ist Versöhnlichkeit Menschenpflicht; womit doch die sanfte Duldsamkeit der Beleidigungen nicht verwechselt werden muß, als Entsagung auf harte Mittel, um der fortgesetzten Beleidigung anderer vorzubeugen; denn das wäre Wegwerfung seiner Rechte unter die Füße anderer und Verletzung der Pflicht des Menschen gegen sich selbst. (IV 599)

Alle moralischen Verhältnisse vernünftiger Wesen, welche ein Prinzip der Übereinstimmung des Willens des einen mit dem des anderen enthalten, lassen sich auf Liebe und Achtung zurückführen. (IV 629)

Ein jeder Mensch hat rechtmäßigen Anspruch auf Achtung von seinen Nebenmenschen, und wechselseitig ist er dazu auch gegen jeden anderen verbunden. (IV 600)

Ohne Achtung gibt es keine wahre Liebe. (VI 189)

Freundschaft (in ihrer Vollkommenheit betrachtet) ist die Vereinigung zweier Personen durch gleiche wechselseitige Liebe und Achtung. – Man sieht leicht, daß sie ein Ideal der Teilnehmung und Mitteilung an dem Wohl eines jeden dieser durch den moralisch guten Willen Vereinigten sei und, wenn es auch nicht das ganze Glück des Lebens bewirkt, die Aufnahme desselben in ihre beiderseitige Gesinnung die Würdigkeit enthalte, glücklich zu sein, mithin daß Freundschaft unter Menschen Pflicht derselben ist. (IV 608)

Freundschaft in ihrer Reinigkeit oder Vollständigkeit, als erreichbar (zwischen Orestes und Pylades, Theseus und Pirithous) gedacht, ist das Steckenpferd der Romanenschreiber; wogegen Aristoteles sagt: meine lieben Freunde, es gibt keinen Freund! (IV 609)

Moralische Freundschaft (zum Unterschiede von der ästhetischen) ist das völlige Vertrauen zweier Personen in wechselseitiger Eröffnung ihrer geheimen Urteile und Empfindungen, soweit sie mit beiderseitiger Achtung gegeneinander bestehen kann. (IV 611)

Die Regeln der Übung in der Tugend gehen auf die zwei Gemütsstimmungen hinaus, wackeren und fröhlichen Gemüts in Befolgung ihrer Pflichten zu sein. Denn sie hat mit Hindernissen zu kämpfen, zu deren Überwältigung sie ihre Kräfte zusammen nehmen muß, und zugleich manche Lebensfreuden zu opfern, deren Verlust das Gemüt wohl bisweilen finster und mürrisch machen kann; was man aber nicht mit Lust, sondern bloß als Frondienst tut, das hat für den, der hierin seiner Pflicht gehorcht, keinen inneren Wert und wird nicht geliebt, sondern die Gelegenheit ihrer Ausübung so viel möglich geflohen. (IV 625)

Frägt man, welcherlei ist die ästhetische Beschaffenheit, gleichsam das Temperament der Tugend, mutig, mithin fröhlich, oder ängstlich-gebeugt und niedergeschlagen? so ist kaum eine Antwort nötig. Die letztere sklavische Gemütsstimmung kann nie ohne einen verborgenen Haß des Gesetzes statt finden und das fröhliche Herz in Befolgung seiner Pflicht (nicht die Behaglichkeit in Anerkennung desselben) ist ein Zeichen der Echtheit tugendhafter Gesinnung, selbst in der Frömmigkeit, die nicht in der Selbstpeinigung des reuigen Sünders (welche sehr zweideutig ist und gemeiniglich nur innerer Vorwurf ist, wider die Klugheitsregel verstoßen zu haben), sondern im festen Vorsatz, es künftig besser zu machen, besteht, der, durch den guten Fortgang angefeuert, eine fröhliche Gemütsstimmung bewirken muß, ohne welche man nie gewiß ist, das Gute auch lieb gewonnen. d.i. es in seine Maxime aufgenommen zu haben.

(IV 670)

6. Laster

Wir sind im hohen Grade durch Kunst und Wissenschaft kultiviert. Wir sind zivilisiert, bis zum Überlästigen, zu allerlei gesellschaftlicher Artigkeit und Anständigkeit. Aber uns für schon moralisiert zu halten, daran fehlt noch sehr viel. (VI 44)

Laster sind entweder: die der Bosheit, oder der Niederträchtigkeit, oder der Eingeschränktheit. Zu den erstern gehören: Neid, Undankbarkeit und Schadenfreude; zu denen der zweiten Art: Ungerechtigkeit, Untreue (Falschheit), Liederlichkeit, sowohl im Verschwenden der Güter als der Gesundheit (Unmäßigkeit) und der Ehre. Laster der dritten Art sind: Lieblosigkeit, Kargheit, Trägheit (Weichlichkeit). (VI 753)

Affekten und Leidenschaften unterworfen zu sein, ist wohl immer Krankheit des Gemüts; weil beides die Herrschaft der Vernunft ausschließt. (VI 580)

Leidenschaften sind Krebsschäden für die reine praktische Vernunft und mehrenteils unheilbar; weil der Kranke nicht will geheilt sein und sich der Herrschaft des Grundsatzes entzieht, durch den dieses allein geschehen könnte. (VI 600)

Die Laster, welche der Pflicht des Menschen gegen sich selbst widerstreiten, sind: der Selbstmord, der unnatürliche Gebrauch, den jemand von der Geschlechtsneigung macht, und der das Vermögen zum zweckmäßigen Gebrauch seiner Kräfte schwächende, unmäßige Genuß der Nahrungsmittel. (IV 552)

Die Selbstentleibung ist ein Verbrechen (Mord). (IV 554)

Das Subjekt der Sittlichkeit in seiner eigenen Person zernichten, ist eben so viel, als die Sittlichkeit selbst ihrer Existenz nach, so viel an ihm ist, aus der Welt vertilgen, welche doch Zweck an sich selbst ist; mithin über sich als bloßes Mittel zu ihm beliebigem Zweck zu disponieren, heißt die Menschheit in seiner Person abwürdigen, der doch der Mensch zur Erhaltung anvertrauet war.

(IV 555)

Ob Selbstmord auch Mut oder immer nur Verzagtheit voraussetze, ist nicht eine moralische, sondern bloß psychologische Frage. Wenn er verübt wird, bloß um seine Ehre nicht zu überleben, also aus Zorn, so scheint er Mut; ist es aber die Erschöpfung der Geduld im Leiden durch Traurigkeit, welche alle Geduld langsam erschöpft, so ist es ein Verzagen. Es scheint dem Menschen eine Art von Heroism zu sein, dem Tode gerade ins Auge zu sehen und ihn nicht zu fürchten, wenn er das Leben nicht länger lieben kann. Wenn er aber, ob er gleich den Tod fürchtet, doch das Leben auf jede Bedingung zu lieben immer nicht aufhören kann und so eine Gemütsverwirrung aus Angst vorhergehen muß, um zum Selbstmorde zu schreiten, so stirbt er aus Feigheit, weil er die Qualen des Lebens nicht länger ertragen kann.

(VI 589)

Der Selbstmord ist oft bloß die Wirkung von einem Raptus. Denn der, welcher sich in der Heftigkeit des Affekts die Gurgel abschneidet, läßt sich bald darauf geduldig sie wieder zunähen. (VI 528)

Sich eines integrierenden Teils als Organs berauben (verstümmeln), z.B. einen Zahn zu verschenken oder zu verkaufen, um ihn in die Kinnlade eines andern zu pflanzen, oder die Kastration mit sich vornehmen zu lassen, um als Sänger bequemer leben zu können, u. dgl. gehört zum partialen Selbstmorde; aber nicht, ein abgestorbenes oder die Absterbung drohendes und hiemit dem Leben nachteiliges Organ durch Amputation, oder, was zwar ein Teil, aber kein Organ des Körpers ist, z.E. die Haare, sich abnehmen zu lassen, kann zum Verbrechen an seiner eigenen Person nicht gerechnet werden; wiewohl der letztere Fall nicht ganz schuldfrei ist, wenn er zum äußeren Erwerb beabsichtigt wird. (IV 555)

Wer sich die Pocken einimpfen zu lassen beschließt, wagt sein Leben aufs Ungewisse, ob er es zwar tut, um sein Leben zu erhalten, und ist so fern in einem weit bedenklicheren Fall des Pflichtgesetzes, als der Seefahrer, welcher doch wenigstens den Sturm nicht macht, dem er sich anvertraut, statt dessen jener die Krankheit, die ihn in Todesgefahr bringt, sich selbst zuzieht. Ist also die Pockeninokulation erlaubt? (IV 556)

Unnatürlich heißt eine Wollust, wenn der Mensch dazu nicht durch den wirklichen Gegenstand, sondern durch die Einbildung von demselben, also zweckwidrig ihn sich selbst schaffend, gereizt wird. Denn sie bewirkt alsdann eine Begierde wider den Zweck der Natur, und zwar einen noch wichtigern, als selbst der der Liebe zum Leben ist, weil dieser nur auf Erhaltung des Individuums, jener aber auf die der ganzen Spezies abzielt.

(IV 557)

Daß ein solcher naturwidriger Gebrauch (also Mißbrauch) seiner Geschlechtseigenschaft eine und zwar der Sittlichkeit im höchsten Grad widerstreitende Verletzung der Pflicht wider sich selbst sei, fällt jedem, zugleich mit dem Gedanken von demselben, sofort auf, erregt eine Abkehrung von diesem Gedanken, in dem Maße, daß selbst die Nennung eines solchen Lasters bei seinem eigenen Namen für unsittlich gehalten wird.

(IV 557f.)

Die tierische Unmäßigkeit, im Genuß der Nahrung, ist der Mißbrauch der Genießmittel, wodurch das Vermögen des intellektuellen Gebrauchs derselben gehemmt oder erschöpft wird. Versoffenheit und Gefräßigkeit sind die Laster, die unter diese Rubrik gehören. Im Zustande der Betrunkenheit ist der Mensch nur wie ein Tier, nicht als Mensch, zu behandeln; durch die Überladung mit Speisen und in einem solchen Zustande ist er für Handlungen, wozu Gewandtheit und Überlegung im Gebrauch seiner Kräfte erfordert wird, auf eine gewisse Zeit gelähmt. (IV 560)

Daß sich in einen solchen Zustand zu versetzen Verletzung einer Pflicht wider sich selbst sei, fällt von selbst in die Augen. Die erste dieser Erniedrigungen, selbst unter

die tierische Natur, wird gewöhnlich durch gegorene Getränke, aber auch durch andere betäubende Mittel, als den Mohnsaft und andere Produkte des Gewächsreichs, bewirkt und wird dadurch verführerisch, daß dadurch auf eine Weile geträumte Glückseligkeit und Sorgenfreiheit, ja wohl auch eingebildete Stärke hervorgebracht, Niedergeschlagenheit aber und Schwäche und, was das Schlimmste ist, Notwendigkeit, dieses Betäubungsmittel zu wiederholen, ja wohl gar damit zu steigern, eingeführt wird. Die Gefräßigkeit ist sofern noch unter jener tierischen Sinnenbelustigung, daß sie bloß den Sinn als passive Beschaffenheit und nicht einmal die Einbildungskraft, welche doch noch ein tätiges Spiel der Vorstellungen, wie im vorerwähnten Genuß der Fall ist, beschäftigt; mithin sich dem des Viehes noch mehr nähert.
(560f.)

Was die Pflicht des Menschen gegen sich selbst bloß als moralisches Wesen (ohne auf seine Tierheit zu sehen) betrifft, so besteht sie im Formalen der Übereinstimmung der Maximen seines Willens mit der Würde der Menschheit in seiner Person; also im Verbot, daß er sich selbst des Vorzugs eines moralischen Wesens, nämlich nach Prinzipien zu handeln, d.i. der inneren Freiheit nicht beraube und dadurch zum Spiel bloßer Neigungen, also zur Sache, mache. – Die Laster, welche dieser Pflicht entgegen stehen, sind: die Lüge, der Geiz, und die falsche Demut (Kriecherei). Diese nehmen sich Grundsätze, welche ihrem Charakter, als moralischer Wesen, d.i. der inneren Freiheit, der angebornen Würde des Menschen geradezu (schon der Form nach) widersprechen, welches so viel sagt: sie machen sich es zum Grundsatz, keinen Grundsatz, und so auch keinen Charakter, zu haben, d.i. sich wegzuwerfen und sich zum Gegenstande der Verachtung zu machen. (IV 552f.)

Die größte Verletzung der Pflicht des Menschen gegen sich selbst, bloß als moralisches Wesen betrachtet (die Menschheit in seiner Person), ist das Widerspiel der Wahrhaftigkeit: die Lüge. Daß eine jede vorsätzliche Unwahrheit in Äußerung seiner Gedanken diesen harten Namen (den sie in der Rechtslehre nur dann führt, wenn sie anderer Recht verletzt) in der Ethik, die aus der Unschädlichkeit keine Befugnisse hernimmt, nicht ablehnen könne, ist für sich selbst klar. Denn Ehrlosigkeit (ein Gegenstand der moralischen Verachtung zu sein), welche sie begleitet, die begleitet auch den Lügner, wie sein Schatten. (IV 562)

Kann eine Unwahrheit aus bloßer Höflichkeit (z.B. das ganz gehorsamster Diener am Ende eines Briefes) für Lüge gehalten werden? Niemand wird ja dadurch betrogen. (IV 565)

Die üble Nachrede oder das Afterreden, worunter ich nicht die Verleumdung, eine falsche, vor Recht zu ziehende Nachrede, sondern bloß die unmittelbare, auf keine besondere Absicht angelegte Neigung verstehe, etwas der Achtung für andere Nachteiliges ins Gerücht zu bringen, ist der schuldigen Achtung gegen die Menschheit überhaupt zuwider; weil jeder gegebene Skandal diese Achtung, auf welcher doch der Antrieb zum Sittlichguten beruht, schwächt und, so viel möglich, gegen sie ungläubig macht. (IV 604f.)

Sich selber gütlich tun, so weit als nötig ist, um nur am Leben ein Vergnügen zu finden (seinen Leib, doch nicht bis zur Weichlichkeit, zu pflegen), gehört zu den Pflichten gegen sich selbst; – deren Gegenteil ist: sich aus Geiz (sklavisch) des zum frohen Genuß des Lebens Notwendigen oder aus übertriebener Disziplin seiner natürlichen Neigungen, schwärmerisch, sich des Genusses der Lebensfreuden zu berauben, welches beides der Pflicht des Menschen gegen sich selbst widerstreitet. (IV 588f.)

Das Bücken und Schmiegen vor einem Menschen scheint in jedem Fall eines Menschen unwürdig zu sein. (IV 571f.)

Nehmt nicht Wohltaten an, die ihr entbehren könnt, und seid nicht Schmarotzer oder Schmeichler oder gar (was freilich nur im Grad von dem Vorigen unterschieden ist) Bettler. Daher seid wirtschaftlich, damit ihr nicht bettelarm werdet. (IV 571)

Das Klagen und Winseln, selbst das bloße Schreien bei einem körperlichen Schmerz ist euer schon unwert, am meisten, wenn ihr euch bewußt seid, ihn selbst verschuldet zu haben: Daher die Veredlung (Abwendung der Schmach) des Todes eines Delinquenten durch die Standhaftigkeit, mit der er stirbt. (IV 571)

Das Hinknien oder Hinwerfen zur Erde, selbst um die Verehrung himmlischer Gegenstände sich dadurch zu versinnlichen, ist der Menschenwürde zuwider, sowie die Anrufung derselben in gegenwärtigen Bildern; denn ihr demütigt euch alsdann nicht unter einem Ideal, das euch eure eigene Vernunft vorstellt, sondern unter einem Idol, was euer eigenes Gemächsel ist. (IV 571)

Die vorzügliche Achtungsbezeigung in Worten und Manieren, selbst gegen einen nicht Gebietenden in der bürgerlichen Verfassung – die Reverenzen, Verbeugungen (Komplimente), höfische – den Unterschied der Stände mit sorgfältiger Pünktlichkeit bezeichnende Phrasen, – welche von der Höflichkeit (die auch sich gleich Achtenden notwendig ist) ganz unterschieden sind, – das Du, Er, Ihr und Sie, oder Ew. Wohledlen, Hochedeln, Hochedelgebornen, Wohlgebornen in der Anrede – als in welcher Pedanterei die Deutschen unter allen Völkern der Erde (die indischen Kasten vielleicht ausgenommen) es am weitesten gebracht haben, sind das nicht Beweise eines ausgebreiteten Hanges zur Kriecherei unter Menschen? Wer sich aber zum Wurm macht, kann nachher nicht klagen, daß er mit Füßen getreten wird. (IV 572)

Der Hochmut ist eine Art von Ehrbegierde, nach welcher wir anderen Menschen ansinnen, sich selbst in Vergleichung mit uns gering zu schätzen, und ist also ein der Achtung, worauf jeder Mensch gesetzmäßigen Anspruch machen kann, widerstreitendes Laster. (IV 603f.)

Von den der Menschenliebe gerade entgegengesetzten Lastern des Menschenhasses: Sie machen die abscheuliche Familie des Neides, der Undankbarkeit und der Schadenfreude aus. (IV 596)

Menschenhaß ist jederzeit häßlich, wenn er auch, ohne tätige Anfeindung, bloß in der gänzlichen Abkehrung von Menschen (der separatistischen Misanthropie) bestände. Denn das Wohlwollen bleibt immer Pflicht, selbst gegen den Menschenhasser, den man freilich nicht lieben, aber ihm doch Gutes erweisen kann. (IV 533)

Die Regungen des Neides liegen in der Natur des Menschen, und nur der Ausbruch derselben macht sie zu dem scheußlichen Laster einer grämischen, sich selbst folternden und auf Zerstörung des Glücks anderer, wenigstens dem Wunsche nach, gerichteten Leidenschaft, ist mithin der Pflicht des Menschen gegen sich selbst sowohl, als gegen andere entgegengesetzt. (IV 596)

Undankbarkeit gegen seinen Wohltäter, welche, wenn sie gar so weit geht, seinen Wohltäter zu hassen, qualifizierte Undankbarkeit, sonst aber bloß Unerkenntlichkeit heißt, ist ein zwar im öffentlichen Urteile höchst verabscheutes Laster, gleichwohl ist der Mensch desselben wegen so berüchtigt, daß man es nicht für unwahrscheinlich hält, man könne sich durch erzeigte Wohltaten wohl gar einen Feind machen. (IV 596f.)

Die Schadenfreude, welche das gerade Umgekehrte der Teilnehmung ist, ist der menschlichen Natur auch nicht fremd; wiewohl, wenn sie so weit geht, das Übel oder Böse selbst bewirken zu helfen, sie als qualifizierte Schadenfreude den Menschenhaß sichtbar macht und in ihrer Gräßlichkeit erscheint. Sein Wohlsein und selbst sein Wohlverhalten stärker zu fühlen, wenn Unglück oder Verfall anderer in Skandale gleichsam als die Folie unserem eigenen Wohlstande untergelegt wird, um diesen in ein desto helleres Licht zu stellen, ist freilich nach Gesetzen der Einbildungskraft, nämlich des Kontrastes, in der Natur gegründet. Aber über die Existenz solcher das allgemeine Weltbeste zerstörenden Enormitäten unmittelbar sich zu freuen, mithin dergleichen Ereignisse auch wohl zu wünschen, ist ein geheimer Menschenhaß und das gerade Widerspiel der Nächstenliebe, die uns als Pflicht obliegt. (IV 597f.)

Von dieser Schadenfreude ist die süßeste, und noch dazu mit dem Schein des größten Rechts, ja wohl gar der Verbindlichkeit (als Rechtsbegierde), den Schaden anderer, auch ohne eigenen Vorteil, sich zum Zweck zu machen, die Rachbegierde. (IV 598)

III.

Der Mensch als transzendierendes Wesen

1. Verstandeswelt und Reich der Zwecke

Das Gesetz des reinen Willens, der frei ist, setzt diesen in eine ganz andere Sphäre, als die empirische. (IV 145)

Wenn wir uns als frei denken, so versetzen wir uns als Glieder in die Verstandeswelt und erkennen die Autonomie des Willens, samt ihrer Folge, der Moralität; denken wir uns aber als verpflichtet, so betrachten wir uns als zur Sinnenwelt und doch zugleich zur Verstandeswelt gehörig. (IV 89)

Das Gesetz dieser Autonomie ist das moralische Gesetz; welches also das Grundgesetz einer übersinnlichen Natur und einer reinen Verstandeswelt ist, deren Gegenbild in der Sinnenwelt, aber doch zugleich ohne Abbruch der Gesetze derselben, existieren soll. (IV 157)

Es ist niemand, selbst der ärgste Bösewicht, wenn er nur sonst Vernunft zu brauchen gewohnt ist, der nicht, wenn man ihm Beispiele der Redlichkeit in Absichten, der Standhaftigkeit in Befolgung guter Maximen, der Teilnehmung und des allgemeinen Wohlwollens (und noch dazu mit großen Aufopferungen von Vorteilen und Gemächlichkeit verbunden) vorlegt, nicht wünsche, daß er auch so gesinnt sein möchte. Er kann es aber nur wegen seiner Neigungen und Antriebe nicht wohl in sich zu Stande bringen; wobei er dennoch zugleich wünscht, von solchen ihm selbst lästigen Neigungen frei zu sein. Er beweiset hiedurch also, daß er mit einem Willen, der von Antrieben der Sinnlichkeit frei ist, sich in Gedanken in eine ganz andere Ordnung der Dinge versetze, als die seiner Begierden im Felde der Sinnlichkeit, weil er von jenem Wunsche keine Vergnügung der Begierden, mithin keinen für irgend eine seiner wirklichen oder sonst erdenklichen Neigungen befriedigenden Zustand (denn dadurch würde selbst die Idee, welche ihm den Wunsch ablockt, ihre Vorzüglichkeit einbüßen), sondern nur einen größeren inneren Wert seiner Person erwarten kann. Diese bessere Person glaubt er aber zu sein, wenn er sich in den Standpunkt eines Gliedes der Verstandeswelt versetzt, dazu die Idee der Freiheit, d.i. Unabhängigkeit von bestimmenden Ursachen der Sinnenwelt ihn unwillkürlich nötigt und in welchem er sich eines guten Willens bewußt ist, der für seinen bösen Willen, als Gliedes der Sinnenwelt, nach seinem eigenen Geständnisse das Gesetz ausmacht, dessen Ansehen er kennt, indem er es übertritt. Das moralische Sollen ist also eigenes notwendiges Wollen als Gliedes einer intelligibelen Welt und wird nur so fern von ihm als Sollen gedacht, als er sich zugleich wie ein Glied der Sinnenwelt betrachtet.

(IV 90f.

Pflicht! du erhabener großer Name, der du nichts Beliebtes, was Einschmeichelung bei sich führt, in dir fassest, sondern Unterwerfung verlangst, doch auch nichts drohest, was natürliche Abneigung im Gemüte erregte und schreckte, um den Willen zu bewegen, sondern bloß ein Gesetz aufstellst, welches von selbst im Gemüte Eingang findet und doch sich selbst wider Willen Verehrung (wenn gleich nicht immer Befolgung) erwirbt, vor dem alle Neigungen verstummen, wenn sie gleich insgeheim ihm entgegen wirken, welches ist der deiner würdige Ursprung, und wo findet man die Wurzel deiner edlen Abkunft, welche alle Verwandtschaft mit Neigungen stolz ausschlägt und von welcher Wurzel abzustammen die unnachlaßliche Bedingung desjenigen Werts ist, den sich Menschen allein selbst geben können? Es kann nichts Minderes sein, als was den Menschen über sich selbst (als einen Teil der Sinnenwelt) erhebt, was ihn an eine Ordnung der Dinge knüpft, die nur der Verstand denken kann und die zugleich die ganze Sinnenwelt, mit ihr das empirisch-bestimmbare Dasein des Menschen in der Zeit und das Ganze aller Zwecke (welches allein solchen unbedingten praktischen Gesetzen, als das moralische, angemessen ist) unter sich hat. Es ist nichts anders als die Persönlichkeit, d.i. die Freiheit und Unabhängigkeit von dem Mechanism der ganzen Natur, doch zugleich als ein Vermögen eines Wesens betrachtet, welches eigentümlichen, nämlich von seiner eigenen Vernunft gegebenen reinen praktischen Gesetzen, die Person also, als zur Sinnenwelt gehörig, ihrer eigenen Persönlichkeit unterworfen ist, sofern sie zugleich zur intelligibelen Welt gehört; da es denn nicht zu verwundern ist, wenn der Mensch, als zu beiden Welten gehörig, sein eigenes Wesen in Beziehung auf seine zweite und höchste Bestimmung nicht anders als mit Verehrung und die Gesetze derselben mit der höchsten Achtung betrachten muß. (IV 209f.)

Zwei Dinge erfüllen das Gemüt mit immer neuer und zunehmender Bewunderung und Ehrfurcht, je öfter und anhaltender sich das Nachdenken damit beschäftigt: Der bestirnte Himmel über mir, und das moralische Gesetz in mir. Beide darf ich nicht als in Dunkelheiten verhüllt oder im Überschwenglichen, außer meinem Gesichtskreise, suchen und bloß vermuten; ich sehe sie vor mir und verknüpfe sie unmittelbar mit dem Bewußtsein meiner Existenz. Das erste fängt von dem Platze an, den ich in der äußern Sinnenwelt einnehme, und erweitert die Verknüpfung, darin ich stehe, ins unabsehlich-Große mit Welten über Welten und Systemen von Systemen, überdem noch in grenzenlose Zeiten ihrer periodischen Bewegung, deren Anfang und Fortdauer. Das zweite fängt von meinem unsichtbaren Selbst, meiner Persönlichkeit, an, und stellt mich in einer Welt dar, die wahre Unendlichkeit hat, aber nur dem Verstande spürbar ist und mit welcher (dadurch aber auch zugleich mit allen jenen sichtbaren Welten) ich mich nicht, wie dort, in bloß zufälliger, sondern allgemeiner und notwendiger Verknüpfung erkenne. Der erstere Anblick einer zahllosen Weltenmenge vernichtet gleichsam meine Wichtigkeit als eines tierischen Geschöpfs, das die Materie, daraus es ward, dem Planeten (einem bloßen Punkt im Weltall) wieder zurückgeben muß, nachdem es eine kurze Zeit (man weiß nicht wie) mit Lebenskraft versehen gewesen. Der zweite erhebt dagegen meinen Wert, als einer Intelligenz, unendlich, durch meine Persönlichkeit, in welcher das moralische Gesetz mir ein von der Tierheit und selbst von der ganzen Sinnenwelt unabhängiges Leben offenbart, wenigstens so viel sich aus der zweckmäßigen Bestimmung meines Daseins durch dieses Gesetz, welche nicht auf Bedingungen und Grenzen dieses Lebens eingeschränkt ist, sondern ins Unendliche geht, abnehmen läßt. (IV 300)

Das vernünftige Wesen muß sich jederzeit als gesetzgebend in einem durch Freiheit des Willens möglichen Reiche der Zwecke betrachten, es mag nun sein als Glied, oder als Oberhaupt. (IV 67)

Es gehört ein vernünftiges Wesen als Glied zum Reiche der Zwecke, wenn es darin zwar allgemein gesetzgebend, aber auch diesen Gesetzen selbst unterworfen ist. Es gehört dazu als Oberhaupt, wenn es als gesetzgebend keinem Willen eines andern unterworfen ist. (IV 66)

Wir sind zwar gesetzgebende Glieder eines durch Freiheit möglichen, durch praktische Vernunft uns zur Achtung vorgestellten Reichs der Sitten, aber doch zugleich Untertanen, nicht das Oberhaupt desselben, und die Verkennung unserer niederen Stufe, als Geschöpfe, und Weigerung des Eigendünkels gegen das Ansehen des heiligen Gesetzes ist schon eine Abtrünnigkeit von demselben, dem Geiste nach, wenn gleich der Buchstabe desselben erfüllt würde. (IV 204f.)

Übrigens bleibt die Idee einer reinen Verstandeswelt, als eines Ganzen aller Intelligenzen, wozu wir selbst als vernünftige Wesen (obgleich andererseits zugleich Glieder der Sinnenwelt) gehören, immer eine brauchbare und erlaubte Idee zum Behufe eines vernünftigen Glaubens, wenn gleich alles Wissen an der Grenze derselben ein Ende hat, um durch das herrliche Ideal eines allgemeinen Reichs der Zwecke an sich selbst (vernünftiger Wesen), zu welchem wir nur alsdann als Glieder gehören können, wenn wir uns nach Maximen der Freiheit, als ob sie Gesetze der Natur wären, sorgfältig verhalten, ein lebhaftes Interesse an dem moralischen Gesetze in uns zu bewirken. (IV 100f.)

So begreifen wir zwar nicht die praktische unbedingte Notwendigkeit des moralischen Imperativs, wir begreifen aber doch seine Unbegreiflichkeit, welches alles ist, was billigermaßen von einer Philosophie, die bis zur Grenze der menschlichen Vernunft in Prinzipien strebt, gefordert werden kann. (IV 102)

2. Unsterblichkeit

Der Begriff der Freiheit, sofern dessen Realität durch ein apodiktisches Gesetz der praktischen Vernunft bewiesen ist, macht den Schlußstein von dem ganzen Gebäude eines Systems der reinen, selbst der spekulativen Vernunft aus, und alle anderen Begriffe (die von Gott und Unsterblichkeit), welche, als bloße Ideen, in dieser ohne Haltung bleiben, schließen sich nun an ihn an und bekommen mit ihm und durch ihn Bestand und objektive Realität, d.i. die Möglichkeit derselben wird dadurch bewiesen, daß Freiheit wirklich ist; denn diese Idee offenbaret sich durchs moralische Gesetz. (IV 107f.)

Die Ideen von Gott und Unsterblichkeit sind nicht Bedingungen des moralischen Gesetzes, sondern nur Bedingungen des notwendigen Objekts eines durch dieses Gesetz bestimmten Willens, d.i. des bloß praktischen Gebrauchs unserer reinen Vernunft; also können wir von jenen Ideen auch, ich will nicht bloß sagen, nicht die Wirklichkeit, sondern auch nicht einmal die Möglichkeit zu erkennen und einzusehen behaupten. Gleichwohl aber sind sie die Bedingungen der Anwendung des moralisch bestimmten Willens auf sein ihm a priori gegebenes Objekt (das höchste Gut). Folglich kann und muß ihre Möglichkeit in dieser praktischen Beziehung angenommen werden, ohne sie doch theoretisch zu erkennen und einzusehen. Hier ist nun ein, in Vergleichung mit der spekulativen Vernunft, bloß subjektiver Grund des Fürwahrhaltens, der doch einer eben so reinen, aber praktischen Vernunft objektiv gültig ist, dadurch den Ideen von Gott und Unsterblichkeit vermittelst des Begriffs der Freiheit objektive Realität und Befugnis, ja subjektive Notwendigkeit (Bedürfnis der reinen Vernunft) sie anzunehmen verschafft wird, ohne daß dadurch doch die Vernunft im theoretischen Erkenntnisse erweitert, sondern nur die Möglichkeit, die vorher nur Problem war, hier Asertion wird gegeben, und so der praktische Gebrauch der Vernunft mit den Elementen des theoretischen verknüpft wird. Und dieses Bedürfnis ist nicht etwa ein hypothetisches, einer beliebigen Absicht der Spekulation, daß man etwas annehmen müsse, wenn man zur Vollendung des Vernunftgebrauchs in der Spekulation hinaufsteigen will, sondern ein gesetzliches, etwas anzunehmen, ohne welches nicht geschehen kann, was man sich zur Absicht seines Tuns und Lassens unnachlaßlich setzen soll. (IV 108f.)

Die Bewirkung des höchsten Guts in der Welt ist das notwendige Objekt eines durchs moralische Gesetz bestimmbaren Willens. In diesem aber ist die völlige Angemessenheit der Gesinnungen zum moralischen Gesetze die oberste Bedingung des höchsten Guts. Sie muß also ebensowohl möglich sein, als ihr Objekt, weil sie in demselben Gebote dieses zu befördern enthalten ist. Die völlige Angemessenheit des Willens aber zum moralischen Gesetze ist Heiligkeit, eine Vollkommenheit, deren kein vernünftiges Wesen der Sinnenwelt, in keinem Zeitpunkte seines Daseins, fähig ist. Da sie indessen gleichwohl als praktisch notwendig gefordert wird, so kann sie nur in einem ins Unendliche gehenden Progressus zu jener völligen Angemessenheit angetroffen werden, und es ist, nach Prinzipien der reinen praktischen Vernunft, notwendig, eine solche praktische Fortschreitung als das reale Objekt unseres Willens anzunehmen.
(IV 252)

Dieser unendliche Progressus ist nur unter Voraussetzung einer ins Unendliche fortdauernden Existenz und Persönlichkeit desselben vernünftigen Wesens (welche man die Unsterblichkeit der Seele nennt) möglich. Also ist das höchste Gut, praktisch, nur unter der Voraussetzung der Unsterblichkeit der Seele möglich; mithin diese, als unzertrennlich mit dem moralischen Gesetz verbunden, ein Postulat der reinen praktischen Vernunft. (IV 252)

Daß Tugend (als die Würdigkeit, glücklich zu sein) die oberste Bedingung alles dessen, was uns nur wünschenswert scheinen mag, mithin auch aller unserer Bewerbung um Glückseligkeit, mithin das oberste Gut sei, ist bewiesen worden. Darum ist sie aber noch nicht das ganze und vollendete Gut, als Gegenstand des Begehrungsvermögens vernünftiger endlicher Wesen; denn, um das zu sein, wird auch Glückseligkeit dazu erfordert, und zwar nicht bloß in den parteiischen Augen der Person, die sich selbst zum Zwecke macht, sondern selbst im Urteile einer unparteiischen Vernunft, die jene überhaupt in der Welt als Zweck an sich betrachtet. Denn der Glückseligkeit bedürftig, ihrer auch würdig, dennoch aber derselben nicht teilhaftig zu sein, kann mit dem vollkommenen Wollen eines vernünftigen Wesens, welches zugleich alle Gewalt hätte, wenn wir uns auch nur ein solches zum Versuche denken, gar nicht zusammen bestehen. Sofern nun Tugend und Glückseligkeit zusammen den Besitz des höchsten Guts in einer Person, hiebei aber auch Glückseligkeit, ganz genau in Proportion der Sittlichkeit (als Wert der Person und deren Würdigkeit, glücklich zu sein) ausgeteilt, das höchste Gut einer möglichen Welt ausmachen: so bedeutet dieses das Ganze, das vollendete Gute, worin doch Tugend immer, als Bedingung, das oberste Gut ist, weil es weiter keine Bedingung über sich hat, Glückseligkeit immer etwas, was dem, der sie besitzt, zwar angenehm, aber nicht für sich allein schlechterdings und in aller Rücksicht gut ist, sondern jederzeit das moralische gesetzmäßige Verhalten als Bedingung voraussetzt. (IV 238f.)

Glückseligkeit ist der Zustand eines vernünftigen Wesens in der Welt, dem es, im Ganzen seiner Existenz, alles nach Wunsch und Willen geht, und beruhet also auf der Übereinstimmung der Natur zu seinem ganzen Zwecke, imgleichen zum wesentlichen Bestimmungsgrunde seines Willens. Nun gebietet das moralische Gesetz, als ein Gesetz der Freiheit, durch Bestimmungsgründe, die von der Natur und der Übereinstimmung derselben zu unserem Begehrungsvermögen (als Triebfeder) ganz unabhängig sein sollen; das handelnde vernünftige Wesen in der Welt aber ist doch nicht zugleich Ursache der Welt und der Natur selbst. Also ist in dem moralischen Gesetze nicht der mindeste Grund zu einem notwendigen Zusammenhang zwischen Sittlichkeit und der proportionierten Glückseligkeit eines zur Welt als Teil gehörigen, und daher von ihr abhängigen Wesens, welches eben darum durch seinen Willen nicht Ursache dieser Natur sein und sie, was seine Glückseligkeit betrifft, mit seinen praktischen Grundsätzen aus eigenen Kräften nicht durchgängig einstimmig machen kann. Gleichwohl wird in der praktischen Aufgabe der reinen Vernunft, d.i. der notwendigen Bearbeitung zum höchsten Gute, ein solcher Zusammenhang als notwendig postuliert: wir sollen das höchste Gut (welches also doch möglich sein muß) zu befördern suchen. Also wird auch das Dasein einer von der Natur unterschiedenen Ursache der gesamten Natur, welche den Grund dieses Zusammenhanges, nämlich der genauen Übereinstimmung der Glückseligkeit mit der Sittlichkeit, enthalte, postuliert. Diese oberste Ursache aber soll den Grund der Übereinstimmung der Natur nicht bloß mit einem Gesetze des Willens der vernünftigen Wesen, sondern mit der Vorstellung dieses Gesetzes, sofern diese es sich zum obersten Bestimmungsgrunde des Willens setzen, also nicht bloß mit den Sitten der Form nach, sondern auch ihrer

Sittlichkeit, als dem Bewegungsgrunde derselben, d.i. mit ihrer moralischen Gesinnung enthalten. Also ist das höchste Gut in der Welt nur möglich, sofern eine oberste Ursache der Natur angenommen wird, die eine der moralischen Gesinnung gemäße Kausalität hat. Nun ist ein Wesen, das der Handlungen nach der Vorstellung von Gesetzen fähig ist, eine Intelligenz (vernünftig Wesen) und die Kausalität eines solchen Wesens nach dieser Vorstellung der Gesetze ein Wille desselben. Also ist die oberste Ursache der Natur, sofern sie zum höchsten Gute vorausgesetzt werden muß, ein Wesen, das durch Verstand und Willen die Ursache (folglich der Urheber) der Natur ist, d.i. Gott. Folglich ist das Postulat der Möglichkeit des höchsten abgeleiteten Guts (der besten Welt) zugleich das Postulat der Wirklichkeit eines höchsten ursprünglichen Guts, nämlich der Existenz Gottes. Nun war es Pflicht für uns, das höchste Gut zu befördern, mithin nicht allein Befugnis, sondern auch mit der Pflicht als Bedürfnis verbundene Notwendigkeit, die Möglichkeit dieses höchsten Guts vorauszusetzen, welches, da es nur unter der Bedingung des Daseins Gottes stattfindet, die Voraussetzung desselben mit der Pflicht unzertrennlich verbindet, d.i. es ist moralisch notwendig, das Dasein Gottes anzunehmen. (IV 255f.)

Dieser moralische Beweis ist nicht etwa ein neu erfundener, sondern allenfalls nur ein neu erörterter Beweisgrund; denn er hat vor der frühesten Aufkeimung des menschlichen Vernunftvermögens schon in demselben gelegen und wird mit der fortgehenden Kultur desselben nur immer mehr entwickelt. Sobald die Menschen über Recht und Unrecht zu reflektieren anfingen, in einer Zeit, wo sie über die Zweckmäßigkeit der Natur noch gleichgültig wegsahen, sie nützten, ohne sich dabei etwas anderes als den gewohnten Lauf der Natur zu denken, mußte sich das Urteil unvermeidlich einfinden: daß es im Ausgange nimmermehr einerlei sein könne, ob ein Mensch sich redlich oder falsch, billig oder gewalttätig verhalten habe, wenn er gleich bis an sein Lebensende, wenigstens sichtbarlich, für seine Tugenden kein Glück oder für seine Verbrechen keine Strafe angetroffen habe. Es ist: als ob sie in sich eine Stimme wahrnähmen, es müsse anders zugehen; mithin mußte auch die, obgleich dunkle, Vorstellung von etwas, dem sie nachzustreben sich verbunden fühlten, verborgen liegen, womit ein solcher Ausschlag sich gar nicht zusammenreimen lasse, oder womit, wenn sie den Weltlauf einmal als die einzige Ordnung der Dinge ansahen, sie wiederum jene innere Zweckbestimmung ihres Gemüts nicht zu vereinigen wußten. Nun mochten sie die Art, wie eine solche Unregelmäßigkeit (welche dem menschlichen Gemüte weit empörender sein muß, als der blinde Zufall, den man etwa der Naturbeurteilung zum Prinzip unterlegen wollte) ausgeglichen werden könne, sich auf mancherlei noch so grobe Weise vorstellen: so konnten sie sich doch niemals ein anderes Prinzip der Möglichkeit der Vereinigung der Natur mit ihrem inneren Sittengesetze erdenken, als eine nach moralischen Gesetzen die Welt beherrschende oberste Ursache: weil ein als Pflicht aufgegebener Endzweck in ihnen und eine Natur ohne allen Endzweck außer ihnen, in welcher gleichwohl jener Zweck wirklich werden soll, im Widerspruche stehen. Über die innere Beschaffenheit jener Weltursache konnten sie nun manchen Unsinn ausbrüten; jenes moralische Verhältnis in der Weltregierung blieb immer dasselbe, welches für die unangebauteste Vernunft, sofern sie sich als praktisch betrachtet, allgemein faßlich ist, mit welcher hingegen die spekulative bei weitem nicht gleichen Schritt halten kann. (V 586f.)

Setzet einen Menschen in den Augenblicken der Stimmung seines Gemüts zur moralischen Empfindung. Wenn er sich, umgeben von einer schönen Natur, in einem ruhigen heitern Genusse seines Daseins befindet, so fühlt er in sich ein Bedürfnis, irgend jemand dafür dankbar zu sein. Oder er sehe sich ein andermal in derselben Gemütsverfassung im Gedränge von Pflichten, denen er nur durch freiwillige Aufopferung Genüge leisten kann und will: so fühlt er in sich ein Bedürfnis, hiemit zugleich etwas Befohlenes ausgerichtet und einem Oberherren gehorcht zu haben. Oder er habe sich etwa unbedachtsamer Weise wider seine Pflicht vergangen, wodurch er doch eben nicht Menschen verantwortlich geworden ist: so werden die strengen Selbstverweise dennoch eine Sprache in ihm führen, als ob sie die Stimme eines Richters wären, dem er darüber Rechenschaft abzulegen hätte. Mit einem Worte: er bedarf einer moralischen Intelligenz, um für den Zweck, wozu er existiert, ein Wesen zu haben, welches diesem gemäß von ihm und der Welt die Ursache sei. (V 571)

Es liegt uns nicht sowohl daran, zu wissen, was Gott an sich selbst (seine Natur) sei, sondern was er für uns als moralische Wesen sei; wiewohl wir zum Behuf dieser Beziehung die göttliche Naturbeschaffenheit so denken und annehmen müssen, als es zu diesem Verhältnisse in der ganzen zur Ausführung seines Willens erforderlichen Vollkommenheit nötig ist (z.B. als eines unveränderlichen, allwissenden, allmächtigen etc. Wesens) und ohne diese Beziehung nichts an ihm erkennen können. (IV 806)

Diesem Bedürfnisse der praktischen Vernunft gemäß ist der allgemeine wahre Religionsglaube der Glaube an

Gott 1. als den allmächtigen Schöpfer Himmels und der Erden, d.i. moralisch als heiligen Gesetzgeber, 2. an ihn, den Erhalter des menschlichen Geschlechts, als gütigen Regierer und moralischen Versorger desselben, 3. an ihn, den Verwalter seiner eigenen heiligen Gesetze, d.i. als gerechten Richter. (IV 806f.)

Aus dem Prinzip der Kausalität des Urwesens werden wir es nicht bloß als Intelligenz und gesetzgebend für die Natur, sondern auch als gesetzgebendes Oberhaupt in einem moralischen Reiche der Zwecke denken müssen. In Beziehung auf das höchste unter seiner Herrschaft allein mögliche Gut, nämlich die Existenz vernünftiger Wesen unter moralischen Gesetzen, werden wir uns dieses Urwesen als allwissend denken: damit selbst das Innerste der Gesinnungen (welches den eigentlichen moralischen Wert der Handlungen vernünftiger Weltwesen ausmacht) ihm nicht verborgen sei; als allmächtig: damit es die ganze Natur diesem höchsten Zwecke angemessen machen könne; als allgütig, und zugleich gerecht: weil diese beiden Eigenschaften (vereinigt, die Weisheit) die Bedingungen der Kausalität einer obersten Ursache der Welt als höchsten Guts, unter moralischen Gesetzen, ausmachen; und so auch alle noch übrigen transzendentalen Eigenschaften, als Ewigkeit, Allgegenwart usw. (denn Güte und Gerechtigkeit sind moralische Eigenschaften), die in Beziehung auf einen solchen Endzweck vorausgesetzt werden, an demselben denken müssen.

(V 569f.)

Eine solche idealische Person (der autorisierte Gewissensrichter) muß ein Herzenskündiger sein; denn der Gerichtshof ist im Inneren des Menschen aufgeschlagen

– zugleich muß er aber auch allverpflichtend, d.i. eine solche Person sein oder als eine solche gedacht werden, in Verhältnis auf welche alle Pflichten überhaupt auch als ihre Gebote anzusehen sind; weil das Gewissen über alle freien Handlungen der innere Richter ist. – – Da nun ein solches moralisches Wesen zugleich alle Gewalt (im Himmel und auf Erden) haben muß, weil es sonst nicht (was doch zum Richteramt notwendig gehört) seinen Gesetzen den ihnen angemessenen Effekt verschaffen könnte, ein solches über alles machthabende moralische Wesen aber Gott heißt: so wird das Gewissen als subjektives Prinzip einer vor Gott seiner Taten wegen zu leistenden Verantwortung gedacht werden müssen; ja es wird der letztere Begriff (wenn gleich nur auf dunkele Art) in jenem moralischen Selbstbewußtsein jederzeit enthalten sein. (IV 574)

Da wir, mit aller Anstrengung unserer Vernunft, nur eine sehr dunkele und zweideutige Aussicht in die Zukunft haben, der Weltregierer uns sein Dasein und seine Herrlichkeit nur mutmaßen, nicht erblicken oder klar beweisen läßt, dagegen das moralische Gesetz in uns, ohne uns etwas mit Sicherheit zu verheißen oder zu drohen, von uns uneigennützige Achtung fordert, übrigens aber, wenn diese Achtung tätig und herrschend geworden, allererst alsdann und nur dadurch Aussichten ins Reich des Übersinnlichen, aber auch nur mit schwachen Blicken, erlaubt: so kann wahrhafte sittliche, dem Gesetze unmittelbar geweihete Gesinnung stattfinden und das vernünftige Geschöpf des Anteils am höchsten Gute würdig werden, das dem moralischen Werte seiner Person und nicht bloß seinen Handlungen angemessen ist. Also möchte es auch hier wohl damit seine Richtigkeit haben, was uns das Studium der Natur und des Menschen sonst hinreichend lehrt, daß die unerforschliche Weisheit, durch die wir existieren, nicht minder verehrungswürdig ist in dem, was sie uns versagte, als in dem, was sie uns zu teil werden ließ. (IV 282f.)

Der Glaube an einen Gott und eine andere Welt ist mit meiner moralischen Gesinnung so verwebt, daß, so wenig ich Gefahr laufe, die letztere einzubüßen, eben so wenig besorge ich, daß mir der erstere jemals entrissen werden könne. (II 694)

4. Religion

Religion ist das Gesetz in uns, in so ferne es durch einen Gesetzgeber und Richter über uns Nachdruck erhält; sie ist eine auf die Erkenntnis Gottes angewandte Moral.

(VI 755f.)

Es führt das moralische Gesetz durch den Begriff des höchsten Guts, als das Objekt und den Endzweck der reinen praktischen Vernunft, zur Religion, d.i. zur Erkenntnis aller Pflichten als göttlicher Gebote, nicht als Sanktionen, d.i. willkürliche für sich selbst zufällige Verordnungen eines fremden Willens, sondern als wesentlicher Gesetze eines jeden freien Willens für sich selbst, die aber dennoch als Gebote des höchsten Wesens angesehen werden müssen, weil wir nur von einem moralisch-vollkommenen (heiligen und gütigen), zugleich auch allgewaltigen Willen das höchste Gut, welches zum Gegenstande unserer Bestrebung zu setzen uns das moralische Gesetz zur Pflicht macht, und also durch Übereinstimmung mit diesem Willen dazu zu gelangen hoffen können. Auch hier bleibt daher alles uneigennützig und bloß auf Pflicht gegründet; ohne daß Furcht oder Hoffnung als Triebfedern zum Grunde gelegt werden dürften, die, wenn sie zu Prinzipien werden, den ganzen moralischen Wert der Handlungen vernichten. Das moralische Gesetz gebietet, das höchste mögliche Gut in einer Welt mir zum letzten Gegenstande alles Verhaltens zu machen. Dieses aber kann ich nicht zu bewirken hoffen, als nur durch die Übereinstimmung meines Willens mit dem eines heiligen und gütigen Welturhebers, und, obgleich in dem Begriffe des höchsten Guts, als dem eines Ganzen, worin die größte Glückseligkeit mit dem größten Maße sittlicher (in Geschöpfen möglicher) Vollkommenheit als in der genausten Proportion verbunden vorgestellt wird, meine eigene Glückseligkeit mit enthalten ist: so ist doch nicht sie, sondern das moralische Gesetz (welches vielmehr mein unbegrenztes Verlangen darnach auf Bedingungen strenge einschränkt) der Bestimmungsgrund des Willens, der zur Beförderung des höchsten Guts angewiesen wird. Daher ist auch die Moral nicht eigentlich die Lehre, wie wir uns glücklich machen, sondern wie wir der Glückseligkeit würdig werden sollen. Nur dann, wenn Religion dazu kommt, tritt auch die Hoffnung ein, der Glückseligkeit dereinst in dem Maße teilhaftig zu werden, als wir darauf bedacht gewesen, ihrer nicht unwürdig zu sein. (IV 261)

Moral führt unumgänglich zur Religion, wodurch sie sich zur Idee eines machthabenden moralischen Gesetzgebers außer dem Menschen erweitert, in dessen Willen dasjenige Endzweck (der Weltschöpfung) ist, was zugleich der Endzweck des Menschen sein kann und soll.
(IV 652)

Das Credo in den drei Artikeln des Bekenntnisses der reinen praktischen Vernunft: Ich glaube an einen einigen Gott, als den Urquell alles Guten in der Welt, als seinen Endzweck; – Ich glaube an die Möglichkeit, zu diesem Endzweck, dem höchsten Gut in der Welt, sofern es am Menschen liegt, zusammenzustimmen; – Ich glaube an ein künftiges ewiges Leben, als der Bedingung einer immerwährenden Annäherung der Welt zum höchsten in ihr möglichen Gut; – dieses Credo, sage ich, ist ein freies Fürwahrhalten, ohne welches es auch keinen moralischen Wert haben würde. Es verstattet also keinen Imperativ, und der Beweisgrund dieser seiner Richtigkeit ist kein Beweis von der Wahrheit dieser Sätze, als theoretischer betrachtet, mithin keine objektive Belehrung von der Wirklichkeit der Gegenstände derselben, denn die ist in Ansehung des Übersinnlichen unmöglich, sondern nur eine subjektiv-, und zwar praktisch-gültige und in dieser Absicht hinreichende Belehrung, so zu handeln, als ob wir wüßten, daß diese Gegenstände wirklich wären, welche Vorstellungsart hier auch nicht in technisch-praktischer Absicht als Klugheitslehre (lieber zu viel, als zu wenig anzunehmen) für notwendig angesehen werden muß, weil sonst der Glaube nicht aufrichtig sein würde, sondern nur in moralischer Absicht notwendig ist, um dem, wozu wir so schon von selbst verbunden sind, nämlich der Beförderung des höchsten Gutes in der Welt nachzustreben, noch ein Ergänzungsstück zur Theorie der Möglichkeit desselben, allenfalls durch bloße Vernunftideen, hinzuzufügen, indem wir uns jene Objekte, Gott, Freiheit in praktischer Qualität und Unsterblichkeit, nur der Forderung der moralischen Gesetze an uns zu Folge selbst machen und ihnen objektive Realität freiwillig geben, da wir versichert sind, daß in diesen Ideen kein Widerspruch gefunden werden könne, von der Annahme derselben die Zurückwirkung auf die subjektiven Prinzipien der Moralität und deren Bestärkung, mithin auf das Tun und Lassen selbst wiederum in der Intention moralisch ist. (III 636f.)

Religion zu haben ist Pflicht des Menschen gegen sich selbst. (IV 580)

Die wahre Gottesverehrung besteht darin, daß man nach Gottes Willen handelt. (VI 757)

Eine Religion, die den Menschen finster macht, ist falsch; denn er muß Gott mit frohem Herzen und nicht aus Zwang dienen. (VI 745)

Es gibt nicht verschiedene Religionen, aber wohl verschiedene Glaubensarten an göttliche Offenbarung und deren statutarische Lehren, die nicht aus der Vernunft entspringen können, d.i. verschiedene Formen der sinnlichen Vorstellungsart des göttlichen Willens, um ihm Einfluß auf die Gemüter zu verschaffen, unter denen das Christentum, so viel wir wissen, die schicklichste Form ist. (VI 301)

Es ist nur eine (wahre) Religion; aber es kann vielerlei Arten des Glaubens geben. – Man kann hinzusetzen, daß in den mancherlei sich, der Verschiedenheit ihrer Glaubensarten wegen, von einander absondernden Kirchen dennoch eine und dieselbe wahre Religion anzutreffen sein kann. (IV 768)

Eine Religion, die der Vernunft unbedenklich den Krieg ankündigt, wird es auf die Dauer gegen sie nicht aushalten. (IV 657)

Alles, was, außer dem guten Lebenswandel, der Mensch noch tun zu können vermeint, um Gott wohlgefällig zu werden, ist bloßer Religionswahn und Afterdienst Gottes. (IV 842)

Daß ein Geschichtsglaube Pflicht sei und zur Seligkeit gehöre, ist Aberglaube. (VI 335)

Es ist eine notwendige Folge der physischen und zugleich der moralischen Anlage in uns, welche letztere die Grundlage und zugleich Auslegerin aller Religion ist, daß diese endlich von allen empirischen Bestimmungsgründen, von allen Statuten, welche auf Geschichte beruhen und die vermittelst eines Kirchenglaubens provisorisch die Menschen zur Beförderung des Guten vereinigen, allmählich losgemacht werde und so reine Vernunftreligion zuletzt über alle herrsche, »damit Gott sei alles in allem«. – Die Hüllen, unter welchen der Embryo sich zuerst zum Menschen bildete, müssen abgelegt werden, wenn er nun an das Tageslicht treten soll. Das Leitband der heiligen Überlieferung, mit seinen Anhängseln, den Statuten und Observanzen, welches zu seiner Zeit gute Dienste tat, wird nach und nach entbehrlich, ja endlich zur Fessel, wenn er in das Jünglingsalter eintritt. So lange er (die Menschengattung) »ein Kind war, war er klug als ein Kind« und wußte mit Satzungen, die ihm ohne sein Zutun auferlegt worden, auch wohl Gelehrsamkeit, ja sogar eine der Kirche dienstbare Philosophie zu verbinden; »nun er aber ein Mann wird, legt er ab, was kindisch ist«. Der erniedrigende Unterschied zwischen Laien und Klerikern hört auf, und Gleichheit entspringt aus der wahren Freiheit, jedoch ohne Anarchie, weil ein jeder zwar dem (nicht statutarischen) Gesetz gehorcht, das er sich selbst vorschreibt, das er aber auch zugleich als den ihm durch die Vernunft geoffenbarten Willen des Weltherrschers ansehen muß, der alle unter einer gemeinschaftlichen Regierung unsichtbarer Weise in einem Staate verbindet, welcher durch die sichtbare Kirche vorher dürftig vorgestellt und vorbereitet war.

(IV 785f.)

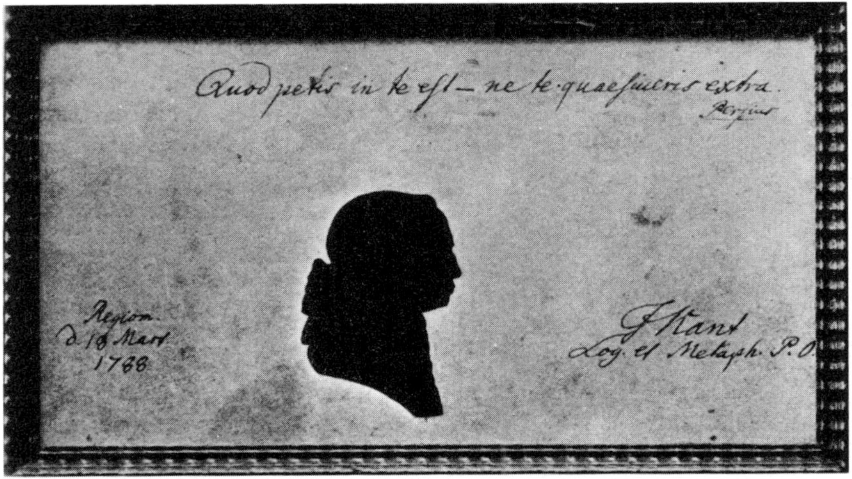
Quod petis in te est – ne te quaesiveris extra.
Persius
Regiom.
d. 18 Mart.
1788
I Kant
Log. et Metaph. P. O.

IV.
Der Mensch als ästhetisches Wesen

1. Das Schöne und Erhabene

Das feinere Gefühl ist vornehmlich zwiefacher Art: Das Gefühl des Erhabenen und des Schönen. Die Rührung von beiden ist angenehm, aber auf sehr verschiedene Weise. Der Anblick eines Gebirges, dessen beschneite Gipfel sich über Wolken erheben, die Beschreibung eines rasenden Sturms, oder die Schilderung des höllischen Reichs von Milton erregen Wohlgefallen, aber mit Grausen; dagegen die Aussicht auf blumenreiche Wiesen, Täler mit schlängelnden Bächen, bedeckt von weidenden Herden, die Beschreibung des Elysium, oder Homers Schilderung von dem Gürtel der Venus veranlassen auch eine angenehme Empfindung, die aber fröhlich und lächelnd ist. Damit jener Eindruck auf uns in gehöriger Stärke geschehen könne, so müssen wir ein Gefühl des Erhabenen und, um die letztere recht zu genießen, ein Gefühl für das Schöne haben. Hohe Eichen und einsame Schatten im heiligen Haine sind erhaben, Blumenbetten, niedrige Hecken und in Figuren geschnittene Bäume sind schön. Die Nacht ist erhaben, der Tag ist schön. Gemütsarten, die ein Gefühl für das Erhabene besitzen, werden durch die ruhige Stille eines Sommerabends, wenn das zitternde Licht der Sterne durch die braunen Schatten der Nacht hindurch bricht und der einsame Mond im Gesichtskreise steht, allmählich in hohe Empfindungen gezogen, von Freundschaft, von Verachtung der Welt, von Ewigkeit. Der glänzende Tag flößt geschäftigen Eifer und ein Gefühl von Lustigkeit ein. Das Erhabene rührt, das Schöne reizt. Die Miene des Menschen, der im vollen Gefühl des Erhabnen sich befindet, ist ernsthaft, bisweilen starr und erstaunt. Dagegen kündigt sich die lebhafte Empfindung des Schönen durch glänzende Heiterkeit in den Augen, durch Züge des Lächelns und oft durch laute Lustigkeit an. (I 826f.)

Verstand ist erhaben, Witz ist schön. Kühnheit ist erhaben und groß, List ist klein aber schön. Die Behutsamkeit, sagte Cromwell, ist eine Bürgermeistertugend. Wahrhaftigkeit und Redlichkeit ist einfältig und edel, Scherz und gefällige Schmeichelei ist fein und schön. Artigkeit ist die Schönheit der Tugend. Uneigennütziger Diensteifer ist edel, Geschliffenheit (Politesse) und Höflichkeit sind schön. Erhabene Eigenschaften flößen Hochachtung, schöne aber Liebe ein. (I 829)

Die Gestalt der Personen, die durch ihr äußeres Ansehen gefallen, schlägt bald in eine, bald in die andere Art des Gefühls ein. Eine große Statur erwirbt sich Ansehen und Achtung, eine kleine mehr Vertraulichkeit. Selbst die bräunliche Farbe und schwarze Augen sind dem Erhabenen, blaue Augen und blonde Farbe dem Schönen näher verwandt. Ein etwas größeres Alter vereinbart sich mehr mit den Eigenschaften des Erhabenen, Jugend aber mit denen des Schönen. So ist es auch mit dem Unterschiede der Stände bewandt, und in allen diesen nur erwähnten Beziehungen müssen sogar die Kleidungen auf diesen Unterschied des Gefühls eintreffen. Große ansehnliche Personen müssen Einfalt, höchstens Pracht in ihrer Kleidung beobachten, kleine können geputzt und geschmückt sein. Dem Alter geziemen dunklere Farben und Einförmigkeit im Anzuge, die Jugend schimmert durch hellere und lebhaft abstechende Kleidungsstücke. Unter den Ständen muß bei gleichem Vermögen und Range der Geistliche die größeste Einfalt, der Staatsmann die meiste Pracht zeigen. Der Cicisbeo kann sich ausputzen, wie es ihm beliebt. (I 831f.)

Das Schöne ist das, was ohne Begriffe als Objekt eines allgemeinen Wohlgefallens vorgestellt wird. (V 288)

Wenn mich jemand fragt, ob ich den Palast, den ich vor mir sehe, schön finde: so mag ich zwar sagen: ich liebe dergleichen Dinge nicht, die bloß für das Angaffen gemacht sind, oder, wie jener irokesische Sachem, ihm gefalle in Paris nichts besser als die Garküchen; ich kann noch überdem auf die Eitelkeit der Großen auf gut Rousseauisch schmälen, welche den Schweiß des Volks auf so entbehrliche Dinge verwenden; ich kann mich endlich gar leicht überzeugen, daß, wenn ich mich auf einem unbewohnten Eilande, ohne Hoffnung, jemals wieder zu Menschen zu kommen, befände, und ich durch meinen bloßen Wunsch ein solches Prachtgebäude hinzaubern könnte, ich mir auch nicht einmal diese Mühe darum geben würde, wenn ich schon eine Hütte hätte, die mir bequem genug wäre. Man kann mir alles dieses einräumen und gutheißen; nur davon ist jetzt nicht die Rede. Man will nur wissen, ob die bloße Vorstellung des Gegenstandes in mir mit Wohlgefallen begleitet sei, so gleichgültig ich auch immer in Ansehung der Existenz des Gegenstandes dieser Vorstellung sein mag. (V 280f.)

Es wäre lächerlich, wenn jemand, der sich auf seinen Geschmack etwas einbildete, sich damit zu rechtfertigen gedächte: dieser Gegenstand (das Gebäude, was wir sehen, das Kleid, was jener trägt, das Konzert, was wir hören, das Gedicht, welches zur Beurteilung aufgestellt ist) ist für mich schön. Denn er muß es nicht schön nennen, wenn es bloß ihm gefällt. Reiz und Annehmlichkeit mag für ihn vieles haben, darum bekümmert sich niemand; wenn er aber etwas für schön ausgibt, so mutet er andern eben dasselbe Wohlgefallen zu: er urteilt nicht bloß für sich, sondern für jedermann, und spricht alsdann von der Schönheit, als wäre sie eine Eigenschaft der Dinge. (V 290)

Das Geschmacksurteil sinnet jedermann Beistimmung an; und wer etwas für schön erklärt, will, daß jedermann dem vorliegenden Gegenstande Beifall geben und ihn gleichfalls für schön erklären solle. (V 320)

Wenn jemand ein Gebäude, eine Aussicht, ein Gedicht nicht schön findet, so läßt er sich den Beifall nicht durch hundert Stimmen, die es alle hoch preisen, innerlich aufdringen. (V 377)

Wen die Schönheit der Natur unmittelbar interessiert, bei dem hat man Ursache, wenigstens eine Anlage zu guter moralischer Gesinnung zu vermuten. (V 398)

Das Schöne ist das Symbol des Sittlichguten. (V 461)

Erhaben nennen wir das, was schlechthin groß ist. (V 333)

Das Erhabene ist die ehrfurchterregende Großheit, dem Umfange oder dem Grade nach, zu dem die Annäherung (um ihm mit seinen Kräften angemessen zu sein) einladend, die Furcht aber, in der Vergleichung mit demselben in seiner eigenen Schätzung zu verschwinden, zugleich abschreckend ist (z.B. der Donner über unserem Haupte, oder ein hohes wildes Gebirge); wobei, wenn man selbst in Sicherheit ist, Sammlung seiner Kräfte, um die Erscheinung zu fassen, und dabei Besorgnis, ihre Größe nicht erreichen zu können, Verwunderung (ein angenehmes Gefühl durch kontinuierliche Überwindung des Schmerzes) erregt wird. (VI 568f.)

Erhaben ist die Natur in derjenigen ihrer Erscheinungen, deren Anschauung die Idee ihrer Unendlichkeit bei sich führt. (V 342)

Man kann das Erhabene so beschreiben: es ist ein Gegenstand (der Natur), dessen Vorstellung das Gemüt bestimmt, sich die Unerreichbarkeit der Natur als Darstellung von Ideen zu denken. (V 357)

Das Gemüt fühlt sich in der Vorstellung des Erhabenen in der Natur bewegt: da es in dem ästhetischen Urteile über das Schöne derselben in ruhiger Kontemplation ist. Diese Bewegung kann (vornehmlich in ihrem Anfange) mit einer Erschütterung verglichen werden, d.i. mit einem schnellwechselnden Abstoßen und Anziehen eben desselben Objekts. Das Überschwengliche für die Einbildungskraft (bis zu welchem sie in der Auffassung der Anschauung getrieben wird) ist gleichsam ein Abgrund, worin sie sich selbst zu verlieren fürchtet; aber doch auch für die Idee der Vernunft vom Übersinnlichen nicht überschwenglich, sondern gesetzmäßig, eine solche Bestrebung der Einbildungskraft hervorzubringen: mithin in eben dem Maße wiederum anziehend, als es für die bloße Sinnlichkeit abstoßend war. (V 345f.)

Kühne überhangende gleichsam drohende Felsen, am Himmel sich auftürmende Donnerwolken, mit Blitzen und Krachen einherziehend, Vulkane in ihrer ganzen zerstörenden Gewalt, Orkane mit ihrer zurückgelassenen Verwüstung, der grenzenlose Ozean, in Empörung gesetzt, ein hoher Wasserfall eines mächtigen Flusses u. dgl. machen unser Vermögen zu widerstehen, in Vergleichung mit ihrer Macht, zur unbedeutenden Kleinigkeit. Aber ihr Anblick wird nur um desto anziehender, je furchtbarer er ist, wenn wir uns nur in Sicherheit befinden; und wir nennen diese Gegenstände gern erhaben, weil sie die Seelenstärke über ihr gewöhnliches Mittelmaß erhöhen und ein Vermögen zu widerstehen von ganz anderer Art in uns entdecken lassen, welches uns Mut macht, uns mit der scheinbaren Allgewalt der Natur messen zu können. (V 349)

Die mathematische Vorstellung von der unermeßlichen Größe des Weltbaues, die Betrachtungen der Metaphysik von der Ewigkeit, der Vorsehung, der Unsterblichkeit unserer Seele enthalten eine gewisse Erhabenheit und Würde. (I 834)

Es ist die Erhabenheit in keinem Dinge der Natur, sondern nur in unserm Gemüte enthalten, sofern wir der Natur in uns, und dadurch auch der Natur (sofern sie auf uns einfließt) außer uns, überlegen zu sein uns bewußt werden können. Alles, was dieses Gefühl in uns erregt, wozu die Macht der Natur gehört, welche unsere Kräfte auffordert, heißt alsdann (obzwar uneigentlich) erhaben. (V 353)

Romane, weinerliche Schauspiele, schale Sittenvorschriften, die mit (obzwar fälschlich) sogenannten edlen Gesinnungen tändeln, in der Tat aber das Herz welk und für die strenge Vorschrift der Pflicht unempfindlich, aller Achtung für die Würdeder Menschheit in unserer Person und das Recht der Menschen (welches ganz etwas anderes als ihre Glückseligkeit ist) und überhaupt aller festen Grundsätze unfähig machen; selbst ein Religionsvortrag, welcher kriechende, niedrige Gunstbewerbung und Einschmeichelung empfiehlt, die alles Vertrauen auf eigenes Vermögen zum Widerstande gegen das Böse in uns aufgibt, statt der rüstigen Entschlossenheit, die Kräfte, die uns bei aller unserer Gebrechlichkeit doch noch übrig bleiben, zu Überwindung der Neigungen zu versuchen; die falsche Demut, welche in der Selbstverachtung, in der winselnden erheuchelten Reue und einer bloß leidenden Gemütsfassung die Art setzt, wie man allein dem höchsten Wesen gefällig werden könne: vertragen sich nicht einmal mit dem, was zur Schönheit, weit weniger aber noch mit dem, was zur Erhabenheit der Gemütsart gezählt werden könnte. (V 364)

In der Tat läßt sich ein Gefühl für das Erhabene der Natur nicht wohl denken, ohne eine Stimmung des Gemüts, die der zum Moralischen ähnlich ist, damit zu verbinden. (V 358)

Alles, auch das Erhabenste, verkleinert sich unter den Händen der Menschen, wenn sie die Idee desselben zu ihrem Gebrauch verwenden. (IV 653)

2. Kunstwerk und Genie

Man sagt von gewissen Produkten, von welchen man erwartet, daß sie sich, zum Teil wenigstens, als schöne Kunst zeigen sollten: sie sind ohne Geist; ob man gleich an ihnen, was den Geschmack betrifft, nichts zu tadeln findet. Ein Gedicht kann recht nett und elegant sein, aber es ist ohne Geist. Eine Geschichte ist genau und ordentlich, aber ohne Geist. Eine feierliche Rede ist gründlich und zugleich zierlich, aber ohne Geist. Manche Konversation ist nicht ohne Unterhaltung, aber doch ohne Geist; selbst von einem Frauenzimmer sagt man wohl, sie ist hübsch, gesprächig und artig, aber ohne Geist.

(V 413)

Unter allen behauptet die Dichtkunst (die fast gänzlich dem Genie ihren Ursprung verdankt und am wenigsten durch Vorschrift oder durch Beispiele geleitet sein will) den obersten Rang. Sie erweitert das Gemüt dadurch, daß sie die Einbildungskraft in Freiheit setzt und innerhalb der Schranken eines gegebenen Begriffs, unter der unbegrenzten Mannigfaltigkeit möglicher damit zusammenstimmender Formen, diejenige darbietet, welche die Darstellung desselben mit einer Gedankenfülle verknüpft, der kein Sprachausdruck völlig adäquat ist, und sich also ästhetisch zu Ideen erhebt. Sie stärkt das Gemüt, indem sie es sein freies, selbsttätiges und von der Naturbestimmung unabhängiges Vermögen fühlen läßt, die Natur, als Erscheinung, nach Ansichten zu betrachten und zu beurteilen, die sie nicht von selbst, weder für den Sinn noch den Verstand, in der Erfahrung darbietet, und sie also zum Behuf und gleichsam zum Schema des Übersinnlichen zu gebrauchen. Sie spielt mit dem Schein, den sie nach Belieben bewirkt, ohne doch dadurch zu betrügen; denn sie erklärt ihre Beschäftigung selbst für bloßes Spiel, welches gleichwohl vom Verstande und zu dessen Geschäfte zweckmäßig gebraucht werden kann. (V 429f.)

Ein gutes Gedicht ist das eindringendste Mittel der Belebung des Gemüts. (VI 575)

Nach der Dichtkunst würde ich, wenn es um Reiz und Bewegung des Gemüts zu tun ist, diejenige, welche ihr unter den redenden am nächsten kommt und sich damit auch sehr natürlich vereinigen läßt, nämlich die Tonkunst, setzen. Denn, ob sie zwar durch lauter Empfindungen ohne Begriffe spricht, mithin nicht, wie die Poesie, etwas zum Nachdenken übrig bleiben läßt, so bewegt sie doch das Gemüt mannigfaltiger und, obgleich bloß vorübergehend, doch inniglicher. (V 431)

Unter den bildenden Künsten würde ich der Malerei den Vorzug geben: teils weil sie, als Zeichnungskunst, allen übrigen bildenden zum Grunde liegt; teils weil sie weit mehr in die Region der Ideen eindringen und auch das Feld der Anschauung, diesen gemäß, mehr erweitern kann, als es den übrigen verstattet ist. (V 434)

Die schöne Kunst zeigt darin eben ihre Vorzüglichkeit, daß sie Dinge, die in der Natur häßlich oder mißfällig sein würden, schön beschreibt. Die Furien, Krankheiten, Verwüstungen des Krieges u. dgl. können, als Schädlichkeiten, sehr schön beschrieben, ja sogar im Gemälde vorgestellt werden; nur eine Art Häßlichkeit kann nicht der Natur gemäß vorgestellt werden, ohne alles ästhetische Wohlgefallen, mithin die Kunstschönheit, zu Grunde zu richten: nämlich diejenige, welche Ekel erweckt. (V 411)

Angenehme Künste sind die, welche bloß zum Genusse abgezweckt werden; dergleichen alle die Reize sind, welche die Gesellschaft an einer Tafel vergnügen können: als unterhaltend zu erzählen, die Gesellschaft in freimütige und lebhafte Gesprächigkeit zu versetzen, durch Scherz und Lachen sie zu einem gewissen Tone der Lustigkeit zu stimmen, wo, wie man sagt, manches ins Gelag hinein geschwatzt werden kann und niemand über das, was er spricht, verantwortlich sein will, weil es nur auf die augenblickliche Unterhaltung, nicht auf einen bleibenden Stoff zum Nachdenken oder Nachsagen, angelegt ist. (Hiezu gehört denn auch die Art, wie der Tisch zum Genusse ausgerüstet ist, oder wohl gar bei großen Gelagen die Tafelmusik: ein wunderliches Ding, welches nur als ein angenehmes Geräusch die Stimmung der Gemüter zur Fröhlichkeit unterhalten soll und, ohne daß jemand auf die Komposition derselben die mindeste Aufmerksamkeit verwendet, die freie Gesprächigkeit eines Nachbars mit dem andern begünstigt.) Dazu gehören ferner alle Spiele, die weiter kein Interesse bei sich führen, als die Zeit unvermerkt verlaufen zu machen. (V 403f.)

Vollkommne Kunst wird wieder zur Natur. (VI 754)

Genie ist das Talent (Naturgabe), welches der Kunst die Regel gibt. Da das Talent, als angebornes produktives Vermögen des Künstlers, selbst zur Natur gehört, so könnte man sich auch so ausdrücken: Genie ist die angeborne Gemütsanlage, durch welche die Natur der Kunst die Regel gibt. (V 405f.)

Man sieht hieraus, daß Genie 1. ein Talent sei, dasjenige, wozu sich keine bestimmte Regel geben läßt, hervorzubringen: nicht Geschicklichkeitsanlage zu dem, was nach irgend einer Regel gelernt werden kann; folglich daß Originalität seine erste Eigenschaft sein müsse. 2. Daß, da es auch originalen Unsinn geben kann, seine Produkte zugleich Muster, d.i. exemplarisch sein müssen; mithin, selbst nicht durch Nachahmung entsprungen, anderen doch dazu, d.i. zum Richtmaße oder Regel der Beurteilung, dienen müssen. 3. Daß es, wie es sein Produkt zu Stande bringe, selbst nicht beschreiben oder wissenschaftlich anzeigen könne, sondern daß es als Natur die Regel gebe, und daher der Urheber eines Produkts, welches er seinem Genie verdankt, selbst nicht weiß, wie sich in ihm die Ideen dazu herbei finden, auch es nicht in seiner Gewalt hat, dergleichen nach Belieben oder planmäßig auszudenken und anderen in solchen Vorschriften mitzuteilen, die sie in Stand setzen, gleichmäßige Produkte hervorzubringen. (Daher denn auch vermutlich das Wort Genie von genius, dem eigentümlichen einem Menschen bei der Geburt mitgegebenen schützenden und leitenden Geist, von dessen Eingebung jene originalen Ideen herrührten, abgeleitet ist.) 4. Daß die Natur durch das Genie nicht der Wissenschaft, sondern der Kunst die Regel vorschreibe; und auch dieses nur, insofern diese letztere schöne Kunst sein soll. (V 406f.)

Das Genie glänzt als augenblickliche, mit Intervallen sich zeigende und wieder verschwindende Erscheinung, nicht mit einem willkürlich angezündeten und eine beliebige Zeit fortbrennenden Licht, sondern wie sprühende Funken, welche eine glückliche Anwandelung des Geistes aus der produktiven Einbildungskraft auslockt.

(VI 668)

IMMANUEL KANT

nat. d. 22. April. 1724.

*Primus a rebus occultis, et ab ipsa natura
involutis, in quibus omnes ante eum Philosophi,
occupati fuerunt, avocavit Philosophiam, et ad
vitam communem adduxit; coelestia autem
procul a cognitione nostra esse, censuit
Cic. Quaest. acad. L. 1. c. 4.*

Dem Herrn Geh: Kr: Rath Hippel zugeeignet
von
M. S. Lowe.

In Verlag der Königl: Hoffkupferstich Officin

V.

Der Mensch als geschichtliches und politisches Wesen

1. Der Fortschritt in der Geschichte

Da die Menschen in ihren Bestrebungen nicht bloß instinktmäßig, wie Tiere, und doch auch nicht, wie vernünftige Weltbürger, nach einem verabredeten Plane im ganzen verfahren: so scheint auch keine planmäßige Geschichte (wie etwa von den Bienen oder den Bibern) von ihnen möglich zu sein. Man kann sich eines gewissen Unwillens nicht erwehren, wenn man ihr Tun und Lassen auf der großen Weltbühne aufgestellt sieht und, bei hin und wieder anscheinender Weisheit im einzelnen, doch endlich alles im großen aus Torheit, kindischer Eitelkeit, oft auch aus kindischer Bosheit und Zerstörungssucht zusammengewebt findet: wobei man am Ende nicht weiß, was man sich von unserer auf ihre Vorzüge so eingebildeten Gattung für einen Begriff machen soll. Es ist hier keine Auskunft für den Philosophen, als daß, da er bei Menschen und ihrem Spiele im großen gar keine vernünftige eigene Absicht voraussetzen kann, er versuche, ob er nicht eine Naturabsicht in diesem widersinnigen Gange menschlicher Dinge entdecken könne; aus welcher, von Geschöpfen, die ohne eigenen Plan verfahren, dennoch eine Geschichte nach einem bestimmten Plane der Natur möglich sei. (VI 34)

Alle Naturanlagen eines Geschöpfes sind bestimmt, sich einmal vollständig und zweckmäßig auszuwickeln.
(VI 35)

Am Menschen (als dem einzigen vernünftigen Geschöpf auf Erden) sollten sich diejenigen Naturanlagen, die auf den Gebrauch seiner Vernunft abgezielt sind, nur in der

Gattung, nicht aber im Individuum vollständig entwikkeln. (VI 35)

Die Natur hat gewollt: daß der Mensch alles, was über die mechanische Anordnung seines tierischen Daseins geht, gänzlich aus sich selbst herausbringe und keiner anderen Glückseligkeit oder Vollkommenheit teilhaftig werde, als die er sich selbst, frei von Instinkt, durch eigene Vernunft verschafft hat. (VI 36)

Der Mensch sollte, wenn er sich aus der größten Rohigkeit dereinst zur größten Geschicklichkeit, innerer Vollkommenheit der Denkungsart und (so viel es auf Erden möglich ist) dadurch zur Glückseligkeit empor gearbeitet haben würde, hievon das Verdienst ganz allein haben und es sich selbst nur verdanken dürfen. In diesem Gange der menschlichen Angelegenheit ist ein ganzes Heer von Mühseligkeiten, die den Menschen erwarten. Es scheint aber der Natur darum gar nicht zu tun gewesen zu sein, daß er wohl lebe, sondern daß er sich so weit hervorarbeite, um sich, durch sein Verhalten, des Lebens und des Wohlbefindens würdig zu machen. (VI 36f.)

Befremdend bleibt es immer hiebei: daß die ältern Generationen nur scheinen um der späteren willen ihr mühseliges Geschäft zu treiben, um nämlich diesen eine Stufe zu bereiten, von der diese das Bauwerk, welches die Natur zur Absicht hat, höher bringen könnten; und daß doch nur die spätesten das Glück haben sollen, in dem Gebäude zu wohnen, woran eine lange Reihe ihrer Vorfahren (zwar freilich ohne ihre Absicht) gearbeitet hatten, ohne doch selbst an dem Glück, das sie vorbereiteten, Anteil nehmen zu können. Allein so rätselhaft dieses auch ist, so notwendig ist es doch zugleich, wenn man einmal annimmt: eine Tiergattung soll Vernunft haben und als Klasse vernünftiger Wesen, die insgesamt sterben, deren Gattung aber unsterblich ist, dennoch zu einer Vollständigkeit der Entwickelung ihrer Anlagen gelangen. (VI 37)

Das Mittel, dessen sich die Natur bedient, die Entwickelung aller ihrer Anlagen zu Stande zu bringen, ist der Antagonism derselben in der Gesellschaft, sofern dieser doch am Ende die Ursache einer gesetzmäßigen Ordnung derselben wird. Ich verstehe hier unter dem Antagonism die ungesellige Geselligkeit der Menschen, d.i. den Hang derselben, in Gesellschaft zu treten, der doch mit einem durchgängigen Widerstande, welcher diese Gesellschaft beständig zu trennen droht, verbunden ist. Hiezu liegt die Anlage offenbar in der menschlichen Natur. Der Mensch hat eine Neigung, sich zu vergesellschaften, weil er in einem solchen Zustande sich mehr als Mensch, d.i. die Entwickelung seiner Naturanlagen, fühlt. Er hat aber auch einen großen Hang, sich zu vereinzeln (isolieren), weil er in sich zugleich die ungesellige Eigenschaft antrifft, alles bloß nach seinem Sinne richten zu wollen, und daher allerwärts Widerstand erwartet, so wie er von sich selbst weiß, daß er seinerseits zum Widerstande gegen andere geneigt ist. Dieser Widerstand ist es nun, welcher alle Kräfte des Menschen erweckt, ihn dahin bringt, seinen Hang zur Faulheit zu überwinden und, getrieben durch Ehrsucht, Herrschsucht oder Habsucht, sich einen Rang unter seinen Mitgenossen zu verschaffen, die er nicht wohl leiden, von denen er aber auch nicht lassen kann. Da geschehen nun die ersten wahren Schritte aus der Rohigkeit zur Kultur, die eigentlich in dem gesellschaftlichen Wert des Menschen besteht; da werden alle Talente nach und nach entwickelt, der Geschmack gebildet und selbst durch fortgesetzte Aufklärung der Anfang zur Gründung einer Denkungsart gemacht, welche die grobe Naturanlage zur sittlichen Unterscheidung mit der Zeit in bestimmte praktische Prinzipien und so eine pathologisch-abgedrungene Zusammenstimmung zu einer Gesellschaft endlich in ein moralisches Ganzes verwandeln kann. Ohne jene, an sich zwar eben nicht liebenswürdigen Eigenschaften der Ungeselligkeit, woraus der Widerstand entspringt, den jeder bei seinen selbstsüchtigen Anmaßungen notwendig antreffen muß, würden in einem arkadischen Schäferleben, bei vollkommener Eintracht, Genügsamkeit und Wechselliebe, alle Talente auf ewig in ihren Keimen verborgen bleiben; die Menschen, gutartig wie die Schafe, die sie weiden, würden ihrem Dasein kaum einen größeren Wert verschaffen, als dieses ihr Hausvieh hat; sie würden das Leere der Schöpfung in Ansehung ihres Zwecks, als vernünftige Natur, nicht ausfüllen. Dank sei also der Natur für die Unvertragsamkeit, für die mißgünstig wetteifernde Eitelkeit, für die nicht zu befriedigende Begierde zum Haben oder auch zum Herrschen! Ohne sie würden alle vortrefflichen Naturanlagen in der Menschheit ewig unentwickelt schlummern. Der Mensch will Eintracht; aber die Natur weiß besser, was für seine Gattung gut ist: sie will Zwietracht. Er will gemächlich und vergnügt leben; die Natur will aber, er soll aus der Lässigkeit und untätigen Genügsamkeit hinaus sich in Arbeit und Mühseligkeiten stürzen, um dagegen auch Mittel auszufinden, sich klüglich wiederum aus den letztern heraus zu ziehen. Die natürlichen Triebfedern dazu, die Quellen der Ungeselligkeit und des durchgängigen Widerstandes, woraus so viele Übel entspringen, die aber doch auch wieder zur neuen Anspannung der

Kräfte, mithin zu mehrerer Entwickelung der Naturanlagen antreiben, verraten also wohl die Anordnung eines weisen Schöpfers und nicht etwa die Hand eines bösartigen Geistes, der in seine herrliche Anstalt gepfuscht oder sie neidischer Weise verderbt habe. (VI 37ff.)

So ist es ein, ich will nicht sagen einer Gottheit, sondern selbst des gemeinsten, aber wohldenkenden Menschen höchst unwürdiger Anblick, das menschliche Geschlecht von Periode zu Periode zur Tugend hinauf Schritte tun und bald darauf eben so tief wieder in Laster und Elend zurückfallen zu sehen. Eine Weile diesem Trauerspiel zuzuschauen, kann vielleicht rührend und belehrend sein; aber endlich muß doch der Vorhang fallen. Denn auf die Länge wird es zum Possenspiel; und, wenn die Akteure es gleich nicht müde werden, weil sie Narren sind, so wird es doch der Zuschauer, der an einem oder dem andern Akt genug hat, wenn er daraus mit Grunde abnehmen kann, daß das nie zu Ende kommende Stück ein ewiges Einerlei sei. Die am Ende folgende Strafe kann zwar, wenn es ein bloßes Schauspiel ist, die unangenehmen Empfindungen durch den Ausgang wiederum gut machen. Aber Laster ohne Zahl (wenn gleich mit dazwischen eintretenden Tugenden) in der Wirklichkeit sich über einander türmen zu lassen, damit dereinst recht viel gestraft werden könne, ist, wenigstens nach unseren Begriffen, sogar der Moralität eines weisen Welturhebers und Regierers zuwider. (VI 166f.)

Ich werde annehmen dürfen: daß, da das menschliche Geschlecht beständig im Fortrücken in Ansehung der Kultur, als dem Naturzwecke desselben, ist, es auch im Fortschreiten zum Besseren in Ansehung des moralischen Zwecks seines Daseins begriffen sei und daß dieses zwar bisweilen unterbrochen, aber nie abgebrochen sein werde. (VI 167)

Es wird (was man, ohne einen Naturplan vorauszusetzen, nicht mit Grunde hoffen kann) eine tröstende Aussicht in die Zukunft eröffnet werden, in welcher die Menschengattung in weiter Ferne vorgestellt wird, wie sie sich endlich doch zu dem Zustande empor arbeitet, in welchem alle Keime, die die Natur in sie legte, völlig können entwickelt und ihre Bestimmung hier auf Erden kann erfüllet werden. (VI 49)

Allmählich wird der Gewalttätigkeit von Seiten der Mächtigen weniger, der Folgsamkeit in Ansehung der Gesetze mehr werden. Es wird etwa mehr Wohltätigkeit, weniger Zank in Prozessen, mehr Zuverlässigkeit im Worthalten usw., teils aus Ehrliebe, teils aus wohlverstandenem eigenem Vorteil im gemeinen Wesen entspringen und sich endlich dies auch auf die Völker im äußeren Verhältnis gegen einander bis zur weltbürgerlichen Gesellschaft erstrecken. (VI 365)

2. Bürgerliche Gesellschaft, Staat und Recht

Es ist nicht etwa die Erfahrung, durch die wir von der Maxime der Gewalttätigkeit der Menschen belehrt werden und ihrer Bösartigkeit, sich, ehe eine äußere machthabende Gesetzgebung erscheint, einander zu befehden, also nicht etwa ein Faktum, welches den öffentlich gesetzlichen Zwang notwendig macht, sondern, sie mögen auch so gutartig und rechtliebend gedacht werden, wie man will, so liegt es doch a priori in der Vernunftidee eines solchen (nicht-rechtlichen) Zustandes, daß, bevor ein öffentlich gesetzlicher Zustand errichtet worden, vereinzelte Menschen, Völker und Staaten niemals vor Gewalttätigkeit gegen einander sicher sein können, und zwar aus jedes seinem eigenen Recht, zu tun, was ihm recht und gut dünkt und hierin von der Meinung des anderen nicht abzuhängen; mithin das erste, was ihm zu beschließen obliegt, wenn er nicht allen Rechtsbegriffen entsagen will, der Grundsatz sei: man müsse aus dem Naturzustande, in welchem jeder seinem eigenen Kopfe folgt, herausgehen und sich mit allen anderen (mit denen in Wechselwirkung zu geraten er nicht vermeiden kann) dahin vereinigen, sich einem öffentlich gesetzlichen äußeren Zwange zu unterwerfen, also in einen Zustand treten, darin jedem das, was für das Seine anerkannt werden soll, gesetzlich bestimmt und durch hinreichende Macht (die nicht die seinige, sondern eine äußere ist) zu Teil wird, d.i. er solle vor allen Dingen in einen bürgerlichen Zustand treten. (IV 430)

Das größte Problem für die Menschengattung, zu dessen Auflösung die Natur ihn zwingt, ist die Erreichung einer allgemein das Recht verwaltenden bürgerlichen Gesellschaft. Da nur in der Gesellschaft, und zwar derjenigen, die die größte Freiheit, mithin einen durchgängigen Antagonism ihrer Glieder, und doch die genauste Bestimmung und Sicherung der Grenzen dieser Freiheit hat, damit sie mit der Freiheit anderer bestehen könne, – da nur in ihr die höchste Absicht der Natur, nämlich die Entwickelung aller ihrer Anlagen, in der Menschheit erreicht werden kann, die Natur auch will, daß sie diesen, so wie alle Zwecke ihrer Bestimmung, sich selbst verschaffen solle: so muß eine Gesellschaft, in welcher Freiheit unter äußeren Gesetzen im größtmöglichen Grade mit unwiderstehlicher Gewalt verbunden angetroffen wird, d.i. eine vollkommen gerechte bürgerliche Verfassung, die höchste Aufgabe der Natur für die Menschengattung sein; weil die Natur nur vermittelst der Auflösung und Vollziehung derselben ihre übrigen Absichten mit unserer Gattung erreichen kann. (VI 39)

Dieses Problem ist zugleich das schwerste und das, welches von der Menschengattung am spätesten aufgelöset wird. Die Schwierigkeit, welche auch die bloße Idee dieser Aufgabe schon vor Augen legt, ist diese: der Mensch ist ein Tier, das, wenn es unter andern seiner Gattung lebt, einen Herrn nötig hat. Denn er mißbraucht gewiß seine Freiheit in Ansehung anderer seinesgleichen; und, ob er gleich, als vernünftiges Geschöpf, ein Gesetz wünscht, welches der Freiheit aller Schranken setze: so verleitet ihn doch seine selbstsüchtige tierische Neigung, wo er darf, sich selbst auszunehmen. Er bedarf also einen Herrn, der ihm den eigenen Willen breche und ihn nötige, einem allgemein-gültigen Willen, dabei jeder frei sein kann, zu gehorchen. Wo nimmt er aber diesen Herrn her? Nirgend anders als aus der Menschengattung. Aber dieser ist eben so wohl ein Tier, das einen Herrn nötig hat. Er mag es also anfangen, wie er will: so ist nicht abzusehen, wie er sich ein Oberhaupt der öffentlichen Gerechtigkeit verschaffen könne, das selbst gerecht sei; er mag dieses nun in einer einzelnen Person oder in einer Gesellschaft vieler dazu auserlesenen Personen suchen. Denn jeder derselben wird immer seine Freiheit mißbrauchen, wenn er keinen über sich hat, der nach den Gesetzen über ihn Gewalt ausübt. Das höchste Oberhaupt soll aber gerecht für sich selbst und doch ein Mensch sein. Diese Aufgabe ist daher die schwerste unter allen; ja ihre vollkommene Auflösung ist unmöglich: aus so krummem Holze, als woraus der Mensch gemacht ist, kann nichts ganz Gerades gezimmert werden. Nur die Annäherung zu dieser Idee ist uns von der Natur auferlegt. (VI 40f.)

Man kann die Geschichte der Menschengattung im großen als die Vollziehung eines verborgenen Plans der Natur ansehen, um eine innerlich – und, zu diesem Zwecke, auch äußerlich – vollkommene Staatsverfassung zu Stande zu bringen, als den einzigen Zustand, in welchem sie alle ihre Anlagen in der Menschheit völlig entwickeln kann. (VI 45)

Ein Staat ist die Vereinigung einer Menge von Menschen unter Rechtsgesetzen. (IV 431)

Der Akt, wodurch sich das Volk selbst zu einem Staat konstituiert, eigentlich aber nur die Idee desselben, nach der die Rechtmäßigkeit desselben allein gedacht werden kann, ist der ursprüngliche Kontrakt, nach welchem alle im Volk ihre äußere Freiheit aufgeben, um sie als Glieder eines gemeinen Wesens, d.i. des Volks als Staat betrachtet, sofort wieder aufzunehmen, und man kann nicht sagen: der Staat, der Mensch im Staate, habe einen Teil seiner angebornen äußeren Freiheit einem Zwecke aufgeopfert, sondern er hat die wilde gesetzlose Freiheit gänzlich verlassen, um seine Freiheit überhaupt in einer gesetzlichen Abhängigkeit, d.i. in einem rechtlichen Zustande unvermindert wieder zu finden; weil diese Abhängigkeit aus seinem eigenen gesetzgebenden Willen entspringt. (IV 434)

Eine Verfassung von der größten menschlichen Freiheit nach Gesetzen, welche machen, daß jedes Freiheit mit der andern ihrer zusammen bestehen kann (nicht von der größesten Glückseligkeit, denn diese wird schon von selbst folgen), ist doch wenigstens eine notwendige Idee, die man nicht bloß im ersten Entwurfe einer Staatsverfassung, sondern auch bei allen Gesetzen zum Grunde legen muß und wobei man anfänglich von den gegenwärtigen Hindernissen abstrahieren muß, die vielleicht nicht sowohl aus der menschlichen Natur unvermeidlich entspringen mögen, als vielmehr aus der Vernachlässigung der echten Ideen bei der Gesetzgebung. (II 323f.)

Ein jeder Staat enthält drei Gewalten in sich, d.i. den allgemein vereinigten Willen in dreifacher Person: die Herrschergewalt (Souveränität), in der des Gesetzgebers, die vollziehende Gewalt, in der des Regierers (zu Folge dem Gesetz) und die rechtsprechende Gewalt (als Zuerkennung des Seinen eines jeden nach dem Gesetz), in der Person des Richters. (IV 431)

Die gesetzgebende Gewalt kann nur dem vereinigten Willen des Volkes zukommen. Denn, da von ihr alles Recht ausgehen soll, so muß sie durch ihr Gesetz schlechterdings niemand unrecht tun können. Nun ist es, wenn jemand etwas gegen einen anderen verfügt, immer möglich, daß er ihm dadurch unrecht tue, nie aber in dem, was er über sich selbst beschließt. Also kann nur der übereinstimmende und vereinigte Wille aller, sofern ein jeder über alle und alle über einen jeden ebendasselbe beschließen, mithin nur der allgemein vereinigte Volkswille gesetzgebend sein. (IV 432)

Die bürgerliche Verfassung in jedem Staate soll republikanisch sein. (VI 204)

Die erstlich nach Prinzipien der Freiheit der Glieder einer Gesellschaft (als Menschen), zweitens nach Grundsätzen der Abhängigkeit aller von einer einzigen gemeinsamen Gesetzgebung (als Untertanen), und drittens die nach dem Gesetz der Gleichheit derselben (als Staatsbürger) gestiftete Verfassung – die einzige, welche aus der Idee des ursprünglichen Vertrags hervorgeht, auf der alle rechtliche Gesetzgebung eines Volks gegründet sein muß – ist die republikanische. (VI 204)

Alle wahre Republik aber ist und kann nichts anders sein als ein repräsentatives System des Volks, um im Namen desselben, durch alle Staatsbürger vereinigt, vermittelst ihrer Abgeordneten (Deputierten) ihre Rechte zu besorgen. Sobald aber ein Staatsoberhaupt der Person nach (es mag sein König, Adelstand, oder die ganze Volkszahl, der demokratische Verein) sich auch repräsentieren läßt, so repräsentiert das vereinigte Volk nicht bloß den Souverän, sondern es ist dieser selbst; denn in ihm (dem Volk) befindet sich ursprünglich die oberste Gewalt, von der alle Rechte der einzelnen, als bloßer Untertanen (allenfalls als Staatsbeamten), abgeleitet werden müssen, und die nunmehr errichtete Republik hat nun nicht mehr nötig, die Zügel der Regierung aus den Händen zu lassen und sie denen wieder zu übergeben, die sie vorher geführt hatten und die nun alle neuen Anordnungen durch absolute Willkür wieder vernichten könnten. (IV 464f.)

Die Idee einer mit dem natürlichen Rechte der Menschen zusammenstimmenden Konstitution: daß nämlich die dem Gesetz Gehorchenden auch zugleich, vereinigt, gesetzgebend sein sollen, liegt bei allen Staatsformen zum Grunde, und das gemeine Wesen, welches, ihr gemäß, durch reine Vernunftbegriffe gedacht, ein platonisches Ideal heißt, ist nicht ein leeres Hirngespinst, sondern die ewige Norm für alle bürgerliche Verfassung überhaupt und entfernet allen Krieg. (VI 364)

Nun ist die republikanische Verfassung die einzige, welche dem Recht der Menschen vollkommen angemessen, aber auch die schwerste zu stiften, vielmehr noch zu erhalten ist, dermaßen, daß viele behaupten, es müsse ein Staat von Engeln sein, weil Menschen mit ihren selbstsüchtigen Neigungen einer Verfassung von so sublimer Form nicht fähig wären. (VI 223)

Der bürgerliche Zustand, bloß als rechtlicher Zustand betrachtet, ist auf folgende Prinzipien a priori gegründet:
1. Die Freiheit jedes Gliedes der Sozietät, als Menschen.

2. Die Gleichheit desselben mit jedem anderen, als Untertan. 3. Die Selbständigkeit jedes Gliedes eines gemeinen Wesens, als Bürgers. (VI 145)

Aus dieser Idee der Gleichheit der Menschen im gemeinen Wesen als Untertanen geht nun auch die Formel hervor: Jedes Glied desselben muß zu jeder Stufe eines Standes in demselben (die einem Untertan zukommen kann) gelangen dürfen, wozu ihn sein Talent, sein Fleiß und sein Glück hinbringen können; und es dürfen ihm seine Mituntertanen durch ein erbliches Prärogativ (als Privilegiaten für einen gewissen Stand) nicht im Wege stehen, um ihn und seine Nachkommen unter demselben ewig niederzuhalten. (VI 147f.)

Nun ist ein angeerbter Adel ein Rang, der vor dem Verdienst vorher geht und dieses auch mit keinem Grunde hoffen läßt, ein Gedankending ohne alle Realität. Denn, wenn der Vorfahr Verdienst hatte, so konnte er dieses doch nicht auf seine Nachkommen vererben, sondern diese mußten es sich immer selbst erwerben; da die Natur es nicht so fügt, daß das Talent und der Wille, welche Verdienste um den Staat möglich machen, auch anarten. (IV 450)

Was nicht einmal ein Volk über sich selbst beschließen darf, das darf noch weniger ein Monarch über das Volk beschließen; denn sein gesetzgebendes Ansehen beruht eben darauf, daß er den gesamten Volkswillen in dem seinigen vereinigt. Wenn er nur darauf sieht, daß alle wahre oder vermeinte Verbesserung mit der bürgerlichen Ordnung zusammen bestehe: so kann er seine Untertanen übrigens nur selbst machen lassen, was sie um ihres Seelenheils willen zu tun nötig finden; das geht ihn nichts an, wohl aber zu verhüten, daß nicht einer den andern gewalttätig hindere, an der Bestimmung und Beförderung desselben nach allem seinem Vermögen zu arbeiten. (VI 58f.)

Da die fortrückende Kultur der Staaten mit dem zugleich wachsenden Hange, sich auf Kosten der andern durch List oder Gewalt zu vergrößern, die Kriege vervielfältigen und durch immer (bei bleibender Löhnung) vermehrte, auf stehendem Fuß und in Disziplin erhaltene, mit stets zahlreicheren Kriegsinstrumenten versehene Heere immer höhere Kosten verursachen muß; indes die Preise aller Bedürfnisse fortdauernd wachsen, ohne daß ein ihnen proportionierter fortschreitender Zuwachs der sie vorstellenden Metalle gehofft werden kann; kein Frieden auch so lange dauert, daß die Ersparnis während demselben dem Kostenaufwand für den nächsten Krieg gleich käme, wowider die Erfindung der Staatsschulden zwar ein sinnreiches, aber sich selbst zuletzt vernichtendes Hilfsmittel ist: so muß, was guter Wille hätte tun sollen, aber nicht tat, endlich die Ohnmacht bewirken: Daß ein jeder Staat in seinem Inneren so organisiert werde, daß nicht das Staatsoberhaupt, dem der Krieg (weil er ihn auf eines andern, nämlich des Volks, Kosten führt) eigentlich nichts kostet, sondern das Volk, dem er selbst kostet, die entscheidende Stimme habe, ob Krieg sein solle oder nicht (wozu freilich die Realisierung jener Idee des ursprünglichen Vertrags notwendig vorausgesetzt werden muß). Denn dieses wird es wohl bleiben lassen, aus bloßer Vergrößerungsbegierde, oder um vermeinter, bloß wörtlicher Beleidigungen willen sich in Gefahr persönlicher Dürftigkeit, die das Oberhaupt nicht trifft, zu versetzen. Und so wird auch die Nachkommenschaft (auf die keine von ihr unverschuldeten Lasten gewälzt werden), ohne daß eben Liebe zu derselben, sondern nur Selbstliebe jedes Zeitalters die Ursache davon sein darf, immer zum Besseren, selbst im moralischen Sinn, fortschreiten können: indem jedes gemeine Wesen, unvermögend, einem anderen gewalttätig zu schaden, sich allein am Recht halten muß und, daß andere eben so geformte ihm darin zu Hilfe kommen werden, mit Grunde hoffen kann. (VI 170)

Nun hat aber die republikanische Verfassung, außer der Lauterkeit ihres Ursprungs, aus dem reinen Quell des Rechtsbegriffs entsprungen zu sein, noch die Aussicht in die gewünschte Folge, nämlich den ewigen Frieden; wovon der Grund dieser ist. – Wenn (wie es in dieser Verfassung nicht anders sein kann) die Beistimmung der Staatsbürger dazu erfordert wird, um zu beschließen, »ob Krieg sein solle oder nicht«, so ist nichts natürlicher, als daß, da sie alle Drangsale des Krieges über sich selbst beschließen müßten (als da sind: selbst zu fechten; die Kosten des Krieges aus ihrer eigenen Habe herzugeben; die Verwüstung, die er hinter sich läßt, kümmerlich zu verbessern); zum Übermaße des Übels endlich noch eine, den Frieden selbst verbitternde, nie (wegen naher immer neuer Kriege) zu tilgende Schuldenlast selbst zu übernehmen, sie sich sehr bedenken werden, ein so schlimmes Spiel anzufangen. (VI 205f.)

Die Natur will unwiderstehlich, daß das Recht zuletzt die Obergewalt erhalte. (VI 225)

Beides, die Menschenliebe und die Achtung fürs Recht der Menschen, ist Pflicht; jene aber nur bedingte, diese dagegen unbedingte, schlechthin gebietende Pflicht.

(VI 250)

Das angeborne Recht ist nur ein einziges. Freiheit (Unabhängigkeit von eines anderen nötigender Willkür), sofern sie mit jedes anderen Freiheit nach einem allgemeinen Gesetz zusammen bestehen kann, ist dieses einzige, ursprüngliche, jedem Menschen, kraft seiner Menschheit, zustehende Recht. (IV 345)

Die Huldigung, die jeder Staat dem Rechtsbegriffe (wenigstens den Worten nach) leistet, beweist doch, daß eine noch größere, ob zwar zur Zeit schlummernde, moralische Anlage im Menschen anzutreffen sei, über das böse Prinzip in ihm (was er nicht ableugnen kann) doch einmal Meister zu werden, und dies auch von andern zu hoffen; denn sonst würde das Wort Recht den Staaten, die sich einander befehden wollen, nie in den Mund kommen. (VI 210)

Das Recht muß nie der Politik, wohl aber die Politik jederzeit dem Recht angepaßt werden. (IV 642)

Die wahre Politik kann keinen Schritt tun, ohne vorher der Moral gehuldigt zu haben. (VI 243)

Der Untertan (auch als Bürger betrachtet) hat das Recht der Auswanderung; denn der Staat könnte ihn nicht als sein Eigentum zurückhalten. Doch kann er nur seine fahrende, nicht die liegende Habe mit herausnehmen, welches alsdann doch geschehen würde, wenn er seinen bisher besessenen Boden zu verkaufen und das Geld dafür mit sich zu nehmen befugt wäre. (IV 460)

Welche Art aber und welcher Grad der Bestrafung ist es, welche die öffentliche Gerechtigkeit sich zum Prinzip und Richtmaße macht? Kein anderes, als das Prinzip der Gleichheit (im Stande des Züngleins an der Waage der Gerechtigkeit), sich nicht mehr auf die eine, als auf die andere Seie hinzuneigen. Also: was für unverschuldetes Übel du einem anderen im Volk zufügst, das tust du dir selbst an. Beschimpfst du ihn, so beschimpfst du dich selbst; bestiehlst du ihn, so bestiehlst du dich selbst; schlägst du ihn, so schlägst du dich selbst; tötest du ihn, so tötest du dich selbst. Nur das Wiedervergeltungsrecht aber, wohl zu verstehen, vor den Schranken des Gerichts (nicht in deinem Privaturteil), kann die Qualität und Quantität der Strafe bestimmt angeben; alle anderen sind hin und her schwankend und können, anderer sich einmischenden Rücksichten wegen, keine Angemessenheit mit dem Spruch der reinen und strengen Gerechtigkeit enthalten. (IV 453f.)

3. Die Revolution

Was das Staatsrecht, nämlich das innere, betrifft: so kommt in ihm die Frage vor, welche viele für schwer zu beantworten halten und die das transzendentale Prinzip der Publizität ganz leicht auflöset: »ist Aufruhr ein rechtmäßiges Mittel für ein Volk, die drückende Gewalt eines so genannten Tyrannen abzuwerfen?« Die Rechte des Volks sind gekränkt, und ihm (dem Tyrannen) geschieht kein Unrecht durch die Entthronung; daran ist kein Zweifel. Nichts desto weniger ist es doch von den Untertanen im höchsten Grade unrecht, auf diese Art ihr Recht zu suchen, und sie können eben so wenig über Ungerechtigkeit klagen, wenn sie in diesem Streit unterlägen und nachher deshalb die härteste Strafe ausstehen müßten. (VI 245)

Wider das gesetzgebende Oberhaupt des Staats gibt es keinen rechtmäßigen Widerstand des Volks; denn nur durch Unterwerfung unter seinen allgemein-gesetzgebenden Willen ist ein rechtlicher Zustand möglich; also kein Recht des Aufstandes noch weniger des Aufruhrs, am allerwenigsten gegen ihn als einzelne Person (Monarch), unter dem Vorwande des Mißbrauchs seiner Gewalt, Vergreifung an seiner Person, ja an seinem Leben.- Der geringste Versuch hiezu ist Hochverrat, und der Verräter dieser Art kann als einer, der sein Vaterland umzubringen versucht, nicht minder als mit dem Tode bestraft werden. (IV 439f.)

Eine Veränderung der (fehlerhaften) Staatsverfassung, die wohl bisweilen nötig sein mag – kann nur vom Souverän selbst durch Reform, aber nicht vom Volk, mithin durch Revolution, verrichtet werden, und, wenn sie geschieht, so kann jene nur die ausübende Gewalt, nicht die gesetzgebende, treffen. (IV 441)

Die Revolution eines geistreichen Volks, die wir in unseren Tagen haben vor sich gehen sehen, mag gelingen oder scheitern; sie mag mit Elend und Greueltaten dermaßen angefüllt sein, daß ein wohldenkender Mensch sie, wenn er sie, zum zweitenmale unternehmend, glücklich auszuführen hoffen könnte, doch das Experiment auf solche Kosten zu machen nie beschließen würde – diese Revolution, sage ich, findet doch in den Gemütern aller Zuschauer (die nicht selbst in diesem Spiele mit verwickelt sind) eine Teilnehmung dem Wunsche nach, die nahe an Enthusiasm grenzt und deren Äußerung selbst mit Gefahr verbunden war, die also keine andere, als eine moralische Anlage im Menschengeschlecht zur Ursache haben kann. (VI 358)

Ein solches Phänomen in der Menschengeschichte vergißt sich nicht mehr, weil es eine Anlage und ein Vermögen in der menschlichen Natur zum Besseren aufgedeckt hat, dergleichen kein Politiker aus dem bisherigen Laufe der Dinge herausgeklügelt hätte und welches allein Natur und Freiheit, nach inneren Rechtsprinzipien im Menschengeschlechte vereinigt, aber, was die Zeit betrifft, nur als unbestimmt und Begebenheit aus Zufall verheißen konnte. (VI 361)

Jene Begebenheit ist zu groß, zu sehr mit dem Interesse der Menschheit verwebt und, ihrem Einflusse nach, auf die Welt in allen ihren Teilen zu ausgebreitet, als daß sie nicht den Völkern, bei irgend einer Veranlassung günstiger Umstände, in Erinnerung gebracht und zu Wiederholung neuer Versuche dieser Art erweckt werden sollte; da dann, bei einer für das Menschengeschlecht so wichtigen Angelegenheit, endlich doch zu irgend einer Zeit die beabsichtigte Verfassung diejenige Festigkeit erreichen muß, welche die Belehrung durch öftere Erfahrung in den Gemütern aller zu bewirken nicht ermangeln würde. (VI 361f.)

Durch eine Revolution wird vielleicht wohl ein Abfall von persönlichem Despotism und gewinnsüchtiger oder herrschsüchtiger Bedrückung, aber niemals wahre Reform der Denkungsart zu Stande kommen; sondern neue Vorurteile werden, eben sowohl als die alten, zum Leitbande des gedankenlosen großen Haufens dienen.

(VI 55)

Übrigens, wenn eine Revolution einmal gelungen und eine neue Verfassung gegründet ist, so kann die Unrechtmäßigkeit des Beginnens und der Vollführung derselben die Untertanen von der Verbindlichkeit, der neuen Ordnung der Dinge sich, als gute Staatsbürger, zu fügen, nicht befreien, und sie können sich nicht weigern, derjenigen Obrigkeit ehrlich zu gehorchen, die jetzt die Gewalt hat. (IV 442)

4. Ewiger Friede und Völkerbund

Im natürlichen Zustande der Staaten ist das Recht zum Kriege (zu Hostilitäten) die erlaubte Art, wodurch ein Staat sein Recht gegen einen anderen Staat verfolgt, nämlich, wenn er von diesem sich lädiert glaubt, durch eigene Gewalt; weil es durch einen Prozeß (als durch den allein die Zwistigkeiten im rechtlichen Zustande ausgeglichen werden) in jenem Zustande nicht geschehen kann. (IV 469)

Bei jenem ursprünglichen Rechte zum Kriege freier Staaten gegen einander im Naturzustande (um etwa einen dem rechtlichen sich annähernden Zustand zu stiften) erhebt sich zuerst die Frage: welches Recht hat der Staat gegen seine eigenen Untertanen, sie zum Kriege gegen andere Staaten zu brauchen, ihre Güter, ja ihr Leben dabei aufzuwenden oder aufs Spiel zu setzen: so, daß es nicht von dieser ihrem eigenen Urteil abhängt, ob sie in den Krieg ziehen wollen oder nicht, sondern der Oberbefehl des Souveräns sie hineinschicken darf?

(IV 467f.)

Verteidigungsmittel aller Art sind dem bekriegten Staat erlaubt, nur nicht solche, deren Gebrauch die Untertanen desselben, Staatsbürger zu sein, unfähig machen würde; denn alsdann machte er sich selbst zugleich unfähig, im Staatenverhältnisse nach dem Völkerrecht für eine Person zu gelten (die gleicher Rechte mit andern teilhaftig wäre).Darunter gehört: seine eignen Untertanen zu Spionen, diese, ja auchAuswärtige zu Meuchelmördern, Giftmischern (in welche Klasse auch wohl die so genannten Scharfschützen, welche einzelnen im Hinterhalte auflauern, gehören möchten), oder auch nur zur Verbreitung falscher Nachrichten, zu gebrauchen; mit einem Wort, sich solcher heimtückischen Mittel zu bedienen, die das Vertrauen, welches zur künftigen Gründung eines dauerhaften Friedens erforderlich ist, vernichten würden. (IV 471)

Stehende Heere bedrohen andere Staaten unaufhörlich mit Krieg, durch die Bereitschaft, immer dazu gerüstet zu erscheinen; reizen diese an, sich einander in Menge der Gerüsteten, die keine Grenzen kennt, zu übertreffen, und, indem durch die darauf verwandten Kosten der Friede endlich noch drückender wird als ein kurzer Krieg, so sind sie selbst Ursache von Angriffskriegen, um diese Last loszuwerden; wozu kommt, daß zum Töten oder getötet zu werden in Sold genommen zu sein einen Gebrauch von Menschen als bloßen Maschinen und Werkzeugen in der Hand eines andern (des Staats) zu enthalten scheint, der sich nicht wohl mit dem Rechte der Menschheit in unserer eigenen Person vereinigen läßt. (VI 197f.)

Es sollen keine Staatsschulden in Beziehung auf äußere Staatshändel gemacht werden. (VI 198)

Zum Behuf der Landesökonomie (der Wegebesserung, neuer Ansiedelungen, Anschaffung der Magazine für besorgliche Mißwachsjahre usw.) außerhalb oder innerhalb des Staates Hilfe zu suchen, ist diese Hilfsquelle unverdächtig. Aber, als entgegenwirkende Maschine der Mächte gegen einander, ist ein Kreditsystem ins Unabsehliche anwachsender und doch immer für die gegenwärtige Forderung (weil sie doch nicht von allen Gläubigern auf einmal geschehen wird) gesicherter Schulden – die sinnreiche Erfindung eines handeltreibenden Volks in diesem Jahrhundert – eine gefährliche Geldmacht, nämlich ein Schatz zum Kriegführen, der die Schätze aller andern Staaten zusammengenommen übertrifft und nur durch den einmal bevorstehenden Ausfall der Taxen (der doch auch durch die Belebung des Verkehrs, vermittelst der Rückwirkung auf Industrie und Erwerb, noch lange hingehalten wird) erschöpft werden kann. Diese Leichtigkeit, Krieg zu führen, mit der Neigung der Machthabenden dazu, welche der menschlichen Natur eingeartet zu sein scheint, verbunden, ist also ein großes Hindernis des ewigen Friedens, welches zu verbieten um desto mehr ein Präliminarartikel desselben sein müßte, weil der endlich doch unvermeidliche Staatsbankerott manche andere Staaten unverschuldet in den Schaden mit verwickeln muß, welches eine öffentliche Läsion der letzteren sein würde. Mithin sind wenigstens andere Staaten berechtigt, sich gegen einen solchen und dessen Anmaßungen zu verbünden. (VI 198f.)

Kein Staat soll sich in die Verfassung und Regierung eines andern Staats gewalttätig einmischen. (VI 199)

Die Maximen der Philosophen über die Bedingungen der Möglichkeit des öffentlichen Friedens sollen von den zum Kriege gerüsteten Staaten zu Rate gezogen werden.

(VI 227)

Die menschliche Natur erscheint nirgend weniger liebenswürdig, als im Verhältnisse ganzer Völker gegen einander. Kein Staat ist gegen den andern wegen seiner Selbständigkeit, oder seines Eigentums, einen Augenblick gesichert. Der Wille, einander zu unterjochen oder an dem Seinen zu schmälern, ist jederzeit da; und die Rüstung zur Verteidigung, die den Frieden oft noch drükkender und für die innere Wohlfahrt zerstörender macht, als selbst den Krieg, darf nie nachlassen. Nun ist hierwider kein anderes Mittel, als ein auf öffentliche mit Macht begleitete Gesetze, denen sich jeder Staat unterwerfen müßte, gegründetes Völkerrecht (nach der Analogie eines bürgerlichen oder Staatsrechts einzelner Menschen) möglich. (VI 171f.)

Das Völkerrecht soll auf einen Föderalism freier Staaten gegründet sein. (VI 208)

Im Kriege ist es erlaubt, dem überwältigten Feinde Lieferungen und Kontribution aufzulegen, aber nicht, das Volk zu plündern, d.i. einzelnen Personen das Ihrige abzuzwingen (denn das wäre Raub, weil nicht das überwundene Volk, sondern der Staat, unter dessen Herrschaft es war, durch dasselbe Krieg führete), sondern durch Ausschreibungen gegen ausgestellte Scheine, um bei nachfolgendem Frieden die dem Lande oder der Provinz aufgelegte Last proportionierlich zu verteilen.

(IV 471)

Nun spricht die moralisch-praktische Vernunft in uns ihr unwiderstehliches Veto aus: Es soll kein Krieg sein; weder der, welcher zwischen mir und dir im Naturzustande, noch zwischen uns als Staaten, die, obzwar innerlich im gesetzlichen, doch äußerlich (im Verhältnis gegen einander) im gesetzlosen Zustande sind; – denn das ist nicht die Art, wie jedermann sein Recht suchen soll.

(IV 478)

Ein Ausrottungskrieg, wo die Vertilgung beide Teile zugleich und mit dieser auch alles Recht treffen kann, *würde* den ewigen Frieden nur auf dem großen Kirchhofe der Menschheit statt finden lassen. Ein solcher Krieg also, mithin auch der Gebrauch der Mittel, die dahin führen, muß schlechterdings unerlaubt sein. (VI 200)

Wenn es Pflicht, wenn zugleich gegründete Hoffnung da ist, den Zustand eines öffentlichen Rechts, obgleich nur in einer ins Unendliche fortschreitenden Annäherung wirklich zu machen, so ist der ewige Friede, der auf die bisher fälschlich so genannten Friedensschlüsse (eigentlich Waffenstillstände) folgt, keine leere Idee, sondern eine Aufgabe, die, nach und nach aufgelöst, ihrem Ziele (weil die Zeiten, in denen gleiche Fortschritte geschehen, hoffentlich immer kürzer werden) beständig näher kommt. (VI 251)

Der ewige Friede (das letzte Ziel des ganzen Völkerrechts) *ist* freilich eine unausführbare Idee. Die politischen Grundsätze aber, die darauf abzwecken, nämlich solche Verbindungen der Staaten einzugehen, als zur kontinuierlichen Annäherung zu demselben dienen, sind es nicht, sondern, so wie diese eine auf der Pflicht, mithin auch auf dem Recht der Menschen und Staaten gegründete Aufgabe ist, allerdings ausführbar.

(IV 474)

Es soll kein Friedensschluß für einen solchen gelten, der mit dem geheimen Vorbehalt des Stoffs zu einem künftigen Kriege gemacht worden. (VI 196)

Es soll kein für sich bestehender Staat (klein oder groß, das gilt hier gleichviel) von einem andern Staate durch Erbung, Tausch, Kauf oder Schenkung erworben werden können. (VI 196)

Ein Staat ist nicht (wie etwa der Boden, auf dem er seinen Sitz hat) eine Habe. Er ist eine Gesellschaft von Menschen, über die niemand anders, als er selbst, zu gebieten und zu disponieren hat. Ihn aber, der selbst als Stamm seine eigene Wurzel hatte, als Pfropfreis einem andern Staate einzuverleiben, heißt seine Existenz, als einer moralischen Person, aufheben und aus der letzteren eine Sache machen, und widerspricht also der Idee des ursprünglichen Vertrags, ohne die sich kein Recht über ein Volk denken läßt. (VI 197)

Stehende Heere sollen mit der Zeit ganz aufhören.
(VI 197)

Da es nun mit der unter den Völkern der Erde einmal durchgängig überhand genommenen (engeren oder weiteren) Gemeinschaft so weit gekommen ist, daß die Rechtsverletzung an einem Platz der Erde an allen gefühlt wird: so ist die Idee eines Weltbürgerrechts keine phantastische und überspannte Vorstellungsart des Rechts, sondern eine notwendige Ergänzung des ungeschriebenen Kodex sowohl des Staats- als Völkerrechts zum öffentlichen Menschenrechte überhaupt und so zum ewigen Frieden, zu dem man sich in der kontinuierlichen Annäherung zu befinden nur unter dieser Bedingung schmeicheln darf. (VI 216f.)

Das Problem der Errichtung einer vollkommenen bürgerlichen Verfassung ist von dem Problem eines gesetzmäßigen äußeren Staatenverhältnisses abhängig und kann ohne das letztere nicht aufgelöset werden. Was hilft's, an einer gesetzmäßigen bürgerlichen Verfassung unter einzelnen Menschen, d.i. an der Anordnung eines gemeinen Wesens, zu arbeiten? Dieselbe Ungeselligkeit, welche die Menschen hiezu nötigte, ist wieder die Ursache, daß ein jedes Gemeinwesen in äußerem Verhältnisse, d.i. als ein Staat in Beziehung auf Staaten, in ungebundener Freiheit steht und folglich einer von dem andern eben die Übel erwarten muß, die die einzelnen Menschen drückten und sie zwangen, in einen gesetzmäßigen bürgerlichen Zustand zu treten. Die Natur hat also die Unvertragsamkeit der Menschen, selbst der großen Gesellschaften und Staatskörper dieser Art Geschöpfe, wieder zu einem Mittel gebraucht, um in dem unvermeidlichen Antagonism derselben einen Zustand der Ruhe und Sicherheit auszufinden; d.i. sie treibt, durch die Kriege, durch die überspannte und niemals nachlassende Zurüstung zu denselben, durch die Not, die dadurch endlich ein jeder Staat, selbst mitten im Frieden, innerlich fühlen muß, zu anfänglich unvollkommenen Versuchen, endlich aber, nach vielen Verwüstungen, Umkippungen und selbst durchgängiger innerer Erschöpfung ihrer Kräfte, zu dem, was ihnen die Vernunft auch ohne so viel traurige Erfahrung hätte sagen können, nämlich: aus dem gesetzlosen Zustande der Wilden hinaus zu gehen und in einen Völkerbund zu treten; wo jeder, auch der kleinste, Staat seine Sicherheit und Rechte nicht von eigener Macht oder eigener rechtlicher Beurteilung, sondern allein von diesem großen Völkerbunde, von einer vereinigten Macht und von der Entscheidung nach Gesetzen des vereinigten Willens erwarten könnte.

(VI 41 f.)

Obgleich dieser Staatskörper für itzt nur noch sehr im rohen Entwurfe dasteht, so fängt sich dennoch gleichsam schon ein Gefühl in allen Gliedern, deren jedem an der Erhaltung des Ganzen gelegen ist, an zu regen; und dieses gibt Hoffnung, daß, nach manchen Revolutionen der Umbildung, endlich das, was die Natur zur höchsten Absicht hat, ein allgemeiner weltbürgerlicher Zustand als der Schoß, worin alle ursprünglichen Anlagen der Menschengattung entwickelt werden, dereinst einmal zu Stande kommen werde. (VI 47)

VI.
Der Mensch in seiner Menschlichkeit

1. Die Volkscharaktere

Die Deutschen stehen im Ruf eines guten Charakters, nämlich dem der Ehrlichkeit und Häuslichkeit; Eigenschaften, die eben nicht zum Glänzen geeignet sind. Der Deutsche fügt sich unter allen zivilisierten Völkern am leichtesten und dauerhaftesten der Regierung, unter der er ist, und ist am meisten von Neuerungssucht und Widersetzlichkeit gegen die eingeführte Ordnung entfernt. Sein Charakter ist mit Verstand verbundenes Phlegma; ohne weder über die schon eingeführte zu vernünfteln, noch sich selbst eine auszudenken. Er ist dabei doch der Mann von allen Ländern und Klimaten, wandert leicht aus und ist an sein Vaterland nicht leidenschaftlich gefesselt; wo er aber in fremde Länder als Kolonist hinkommt, da schließt er bald mit seinen Landesgenossen eine Art von bürgerlichem Verein, der durch Einheit der Sprache, zum Teil auch der Religion, ihn zu einem Völkchen ansiedelt, was unter der höheren Obrigkeit in einer ruhigen, sittlichen Verfassung durch Fleiß, Reinlichkeit und Sparsamkeit vor den Ansitzungen anderer Völker sich vorzüglich auszeichnet. Das ist nun seine gute Seite, in dem, was durch anhaltenden Fleiß auszurichten ist und wozu eben nicht Genie erfordert wird; welches letztere auch bei weitem nicht von der Nützlichkeit ist, als der mit gesundem Verstandestalent verbundene Fleiß des Deutschen. Dieses sein Charakter im Umgange ist Bescheidenheit. Er lernt, mehr als jedes andere Volk, fremde Sprachen, ist Großhändler in der Gelehrsamkeit und kommt im Felde der Wissenschaften zuerst auf manche Spuren, die nachher von anderen mit Geräusch benutzt werden; er hat keinen Nationalstolz; hängt, gleich als Kosmopolit, auch nicht an seiner Heimat. In dieser aber ist er gastfreier gegen Fremde, als irgend eine andere

Nation; diszipliniert seine Kinder zur Sittsamkeit mit Strenge, wie er denn auch, seinem Hange zur Ordnung und Regel gemäß, sich eher despotisieren, als sich auf Neuerungen (zumal eigenmächtige Reformen in der Regierung) einlassen wird. Seine unvorteilhafte Seite ist sein Hang zum Nachahmen und die geringe Meinung von sich, original sein zu können (was gerade das Gegenteil des trotzigen Engländers ist); vornehmlich aber eine gewisse Methodensucht, sich mit den übrigen Staatsbürgern nicht etwa nach einem Prinzip der Annäherung zur Gleichheit, sondern nach Stufen des Vorzugs und einer Rangordnung peinlich klassifizieren zu lassen und in diesem Schema des Ranges, in Erfindung der Titel (vom Edlen- und Hochedlen, Wohl- und Hochwohl-, auch Hochgeboren) unerschöpflich und so aus bloßer Pedanterei knechtisch zu sein; welches alles freilich wohl der Form der Reichsverfassung Deutschlands zugerechnet werden mag; dabei aber sich die Bemerkung nicht bergen läßt, daß doch das Entstehen dieser pedantischen Form selber aus dem Geiste der Nation und dem natürlichen Hange des Deutschen hervorgehe: zwischen dem, der herrschen, bis zu dem, der gehorchen soll, eine Leiter anzulegen, woran jede Sprosse mit dem Grade des Ansehens bezeichnet wird, der ihr gebührt, und der, welcher kein Gewerbe, dabei aber auch keinen Titel hat, wie es heißt, nichts ist; welches denn dem Staate, der diesen erteilt, freilich was einbringt, aber auch, ohne hierauf zu sehen, bei Untertanen Ansprüche, anderer Wichtigkeit in der Meinung zu begrenzen, erregt, welches andern Völkern lächerlich vorkommen muß und in der Tat als Peinlichkeit und Bedürfnis der methodischen Einteilung, um ein Ganzes unter einen Begriff zu fassen, die Beschränkung des angebornen Talents verrät. (VI 667ff.)

Die französische Nation charakterisiert sich unter allen andern durch den Konversationsgeschmack, in Ansehung dessen sie das Muster aller übrigen ist. Sie ist höflich, vornehmlich gegen den Fremden, der sie besucht, wenn es gleich jetzt außer der Mode ist, höfisch zu sein. Der Franzose ist es nicht aus Interesse, sondern aus unmittelbarem Geschmacksbedürfnis, sich mitzuteilen. Da dieser Geschmack vorzüglich den Umgang mit der weiblichen großen Welt angeht, so ist die Damensprache zur allgemeinen Sprache der letzteren geworden, und es ist überhaupt nicht zu streiten: daß eine Neigung solcher Art auch auf Willfährigkeit in Dienstleistungen, hilfreiches Wohlwollen und allmählich auf allgemeine Menschenliebe nach Grundsätzen Einfluß haben und ein solches Volk im ganzen liebenswürdig machen müsse. Die Kehrseite der Münze ist die nicht genugsam durch überlegte Grundsätze gezügelte Lebhaftigkeit und, bei hellsehender Vernunft, ein Leichtsinn, gewisse Formen, bloß weil sie alt oder auch nur übermäßig gepriesen worden, wenn man sich gleich dabei wohl befunden hat, nicht lange bestehen zu lassen, und ein ansteckender Freiheitsgeist, der auch wohl die Vernunft selbst in sein Spiel zieht und, in Beziehung des Volks auf den Staat, einen alles erschütternden Enthusiasm bewirkt, der noch über das Äußerste hinausgeht. (VI 662)

Der Engländer ist im Anfange einer jeden Bekanntschaft kaltsinnig und gegen einen Fremden gleichgültig. Er hat wenig Neigung zu kleinen Gefälligkeiten; dagegen wird er, sobald er ein Freund ist, zu großen Dienstleistungen auferlegt. Er bemühet sich wenig, im Umgange witzig zu sein oder einen artigen Anstand zu zeigen, dagegen ist er verständig und gesetzt. Er ist ein schlechter Nachahmer, frägt nicht viel darnach, was andere urteilen, und folget lediglich seinem eigenen Geschmacke. Er ist im Verhältnis auf das Frauenzimmer nicht von französischer Artigkeit, aber bezeiget gegen dasselbe weit mehr Achtung und treibt diese vielleicht zu weit, indem er im Ehestande seiner Frauen gemeiniglich ein unumschränktes Ansehen einräumet. Er ist standhaft, bisweilen bis zur Hartnäckigkeit, kühn und entschlossen, oft bis zur Vermessenheit, und handelt nach Grundsätzen gemeiniglich bis zum Eigensinne. Er wird leichtlich ein Sonderling, nicht aus Eitelkeit, sondern weil er sich wenig um andre bekümmert und seinem Geschmacke aus Gefälligkeit oder Nachahmung nicht leichtlich Gewalt tut; um deswillen wird er selten so sehr geliebt als der Franzose, aber, wenn er gekannt ist, gemeiniglich mehr hochgeachtet. (I 874)

Der aus der Mischung des europäischen mit arabischem (mohrischem) Blut entsprungene Spanier zeigt in seinem öffentlichen und Privatbetragen eine gewisse Feierlichkeit und selbst der Bauer gegen Obere, denen er auch auf gesetzliche Art gehorsam ist, ein Bewußtsein seiner Würde. Die spanische Grandezza und die selbst in ihrer Konversationssprache befindliche Grandiloquenz zeigen auf einen edlen Nationalstolz. Daher ist ihm der französische vertrauliche Mutwille ganz zuwider. Er ist mäßig, den Gesetzen, vornehmlich denen seiner alten Religion, herzlich ergeben. Diese Gravität hindert ihn auch nicht, an Tagen der Ergötzlichkeit (z.B. bei Einführung seiner Ernte durch Gesang und Tanz) sich zu vergnügen, und wenn an einem Sommerabend der Fandango gefidelt wird, fehlt es nicht an jetzt müßigen Arbeitsleuten, die zu dieser Musik auf den Straßen tanzen. Das ist seine gute Seite. Die schlechtere ist: er lernt nicht von Fremden; reiset nicht, um andere Völker kennen zu lernen; bleibt in

Wissenschaften wohl Jahrhunderte zurück; schwierig gegen alle Reform ist er solz darauf, nicht arbeiten zu dürfen, von romantischer Stimmung des Geistes, wie das Stiergefecht, grausam, wie das ehemalige Auto da Fé beweiset, und zeigt in seinem Geschmack zum Teil außer-europäische Abstammung. (VI 665f.)

Der Italiener vereinigt die französische Lebhaftigkeit (Frohsinn) mit spanischem Ernst (Festigkeit) und sein ästhetischer Charakter ist ein mit Affekt verbundener Geschmack, so wie die Aussicht von seinen Alpen in die reizenden Täler einerseits Stoff zum Mut, anderseits zum ruhigen Genuß darbietet. In seinen Mienen äußert sich ein starkes Spiel seiner Empfindungen, und sein Gesicht ist ausdrucksvoll. Das Plädieren ihrer Advokaten vor den Schranken ist so affektvoll, daß es einer Deklamation auf der Schaubühne ähnlich sieht. So wie der Franzose im Konversationsgeschmack vorzüglich ist, so ist es der Italiener im Kunstgeschmack. Der erstere liebt mehr die Privatbelustigungen, der andere öffentliche: pompöse Aufzüge, Prozessionen, große Schauspiele, Karnevals, Masqueraden, Pracht öffentlicher Gebäude, Gemälde mit dem Pinsel oder in musivischer Arbeit gezeichnet, römische Altertümer im großen Stil; um zu sehen und in großer Gesellschaft gesehen zu werden. Dabei aber (um doch den Eigennutz nicht zu vergessen): Erfindung der Wechsel, der Banken und der Lotterie. Das ist seine gute Seite: so wie die Freiheit, welche die Gondolieri und Lazzaroni sich gegen Vornehme nehmen dürfen. Die schlechtere ist: sie konversieren, wie Rousseau sagt, in Prachtsälen und schlafen in Rattennestern. Ihre Conversazioni sind einer Börse ähnlich, wo die Dame des Hauses einer großen Gesellschaft etwas zu kosten reichen läßt, um im Herumwandeln sich einander die Neuigkeiten des Tages mitzuteilen, ohne daß dazu eben Freundschaft nötig wäre, und mit einem kleinen daraus gewählten Teil zur Nacht ißt. Die schlimme aber: das Messerziehen, die Banditen, die Zuflucht der Meuchelmörder in geheiligten Freistätten, das vernachlässigte Amt der Sbirren u. dgl. (VI 666f.)

In der Liebe haben der Deutsche und der Engländer einen ziemlich guten Magen, etwas fein von Empfindung, mehr aber von gesundem und derbem Geschmacke. Der Italiener ist in diesem Punkte grüblerisch, der Spanier phantastisch, der Franzose vernascht. (VI 876)

2. Die Gemütsverfassungen

Der Mensch von melancholischer Gemütsverfassung bekümmert sich wenig darum, was andere urteilen, was sie für gut oder für wahr halten, er stützet sich desfalls bloß auf seine eigene Einsicht. Weil die Bewegungsgründe in ihm die Natur der Grundsätze annehmen, so ist er nicht leicht auf andere Gedanken zu bringen; seine Standhaftigkeit artet auch bisweilen in Eigensinn aus. Er sieht den Wechsel der Moden mit Gleichgültigkeit und ihren Schimmer mit Verachtung an. Freundschaft ist erhaben und daher für sein Gefühl. Er kann vielleicht einen veränderlichen Freund verlieren, allein dieser verliert ihn nicht eben so bald. Selbst das Andenken der erloschenen Freundschaft ist ihm noch ehrwürdig. Gesprächigkeit ist schön, gedankenvolle Verschwiegenheit erhaben. Er ist ein guter Verwahrer seiner und anderer Geheimnisse. Wahrhaftigkeit ist erhaben und er hasset Lügen oder Verstellung. Er hat ein hohes Gefühl von der Würde der menschlichen Natur. Er schätzet sich selbst und hält einen Menschen für ein Geschöpf, das da Achtung verdienet. Er erduldet keine verworfene Untertänigkeit und atmet Freiheit in einem edlen Busen. Alle Ketten, von den vergoldeten an, die man am Hofe trägt, bis zu dem schweren Eisen des Galeerensklaven sind ihm abscheulich. Er ist ein strenger Richter seiner selbst und anderer und nicht selten seiner sowohl als der Welt überdrüssig. In der Ausartung dieses Charakters neiget sich die Ernsthaftigkeit zur Schwermut, die Andacht zur Schwärmerei, der Freiheitseifer zum Enthusiasmus. Beleidigung und Ungerechtigkeit zünden in ihm Rachbegierde an. Er ist alsdann sehr zu fürchten. Er trotzet der Gefahr und verachtet den Tod. Bei der Verkehrtheit seines Gefühls und dem Mangel einer aufgeheiterten Vernunft verfällt er aufs Abenteuerliche. Eingebungen, Erscheinungen, Anfechtungen. Ist der Verstand noch schwächer, so gerät er auf Fratzen. Bedeutende Träume, Ahndungen und Wunderzeichen. Er ist in Gefahr, ein Phantast oder ein Grillenfänger zu werden. (I 841f.)

Der von sanguinischer Gemütsverfassung hat ein herrschendes Gefühl für das Schöne. Seine Freuden sind daher lachend und lebhaft. Wenn er nicht lustig ist, so ist er mißvergnügt und kennet wenig die zufriedene Stille. Mannigfaltigkeit ist schön und er liebt die Veränderung. Er sucht die Freude in sich und um sich, belustigt andere und ist ein guter Gesellschafter. Er hat viel moralische Sympathie. Anderer Fröhlichkeit macht ihn vergnügt und ihr Leid weichherzig. Sein sittliches Gefühl ist schön, allein ohne Grundsätze und hängt jederzeit unmittelbar von dem gegenwärtigen Eindrucke ab, den die Gegenstände auf ihn machen. Er ist ein Freund von allen Menschen, oder, welches einerlei sagen will, eigentlich niemals ein Freund, ob er zwar gutherzig und wohlwollend ist. Er verstellet sich nicht. Er wird euch heute mit seiner Freundlichkeit und guten Art unterhalten, morgen, wenn ihr krank oder im Unglücke seid, wahres und ungeheucheltes Beileid empfinden, aber sich sachte davon schleichen, bis sich die Umstände geändert haben. Er muß niemals Richter sein. Die Gesetze sind ihm gemeiniglich zu strenge, und er läßt sich durch Tränen bestechen. Er ist ein schlimmer Heiliger, niemals recht gut und niemals recht böse. Er schweift öfters aus und ist lasterhaft, mehr aus Gefälligkeit als aus Neigung. Er ist freigebig und wohltätig, aber ein schlechter Zahler dessen, was er schuldig ist, weil er wohl viel Empfindung für Güte, aber wenig für Gerechtigkeit hat. Niemand hat eine so gute Meinung von seinem eigenen Herzen als er.

Wenn ihr ihn gleich nicht hochachtet, so werdet ihr ihn doch lieben müssen. In dem größeren Verfall seines Charakters gerät er ins Läppische, er ist tändelnd und kindisch. Wenn nicht das Alter noch etwa die Lebhaftigkeit mindert oder mehr Verstand herbeibringt, so ist er in Gefahr, ein alter Geck zu werden. (I 842f.)

Der Cholerische betrachtet seinen eigenen Wert, und den Wert seiner Sachen und Handlungen, aus dem Anstande oder dem Scheine, womit er in die Augen fällt. In Ansehung der innern Beschaffenheit und der Bewegungsgründe, die der Gegenstand selber enthält, ist er kalt, weder erwärmet durch wahres Wohlwollen, noch gerührt durch Achtung. Sein Betragen ist künstlich. Er muß allerlei Standpunkte zu nehmen wissen, um seinen Anstand aus der verschiedenen Stellung der Zuschauer zu beurteilen; denn er frägt wenig darnach was er sei, sondern nur was er scheine. Um deswillen muß er die Wirkung auf den allgemeinen Geschmack und die mancherlei Eindrücke wohl kennen, die sein Verhalten außer ihm haben wird. Da er in dieser schlauen Aufmerksamkeit durchaus kalt Blut bedarf und nicht durch Liebe, Mitleiden und Teilnehmung seines Herzens sich muß blenden lassen, so wird er auch vielen Torheiten und Verdrießlichkeiten entgehen, in welche ein Sanguinischer gerät, der durch seine unmittelbare Empfindung bezaubert wird. Um deswillen scheint er gemeiniglich verständiger, als er wirklich ist. Sein Wohlwollen ist Höflichkeit, seine Achtung Zeremonie, seine Liebe ausgesonnene Schmeichelei. Er ist jederzeit voll von sich selbst, wenn er den Anstand eines Liebhabers oder eines Freundes annimmt, und ist niemals weder das eine noch das andere. Er sucht durch Moden zu schimmern; aber, weil alles an ihm künstlich und gemacht ist, so ist er darin steif und ungewandt. Er handelt weit mehr nach Grundsätzen als der Sanguinische, der bloß durch gelegentliche Eindrücke bewegt wird; aber diese sind nicht Grundsätze der Tugend, sondern der Ehre, und er hat kein Gefühl für die Schönheit oder den Wert der Handlungen, sondern für das Urteil der Welt, das sie davon fällen möchte. Weil sein Verfahren, in so ferne man nicht auf die Quelle sieht, daraus es entspringt, übrigens fast eben so gemeinnützig als die Tugend selbst ist, so erwirbt er vor gemeinen Augen eben die Hochschätzung als der Tugendhafte, aber vor feineren Augen verbirgt er sich sorgfältig, weil er wohl weiß, daß die Entdeckung der geheimen Triebfeder der Ehrbegierde ihn um die Achtung bringen würde. Er ist daher der Verstellung sehr ergeben, in der Religion heuchlerisch, im Umgange ein Schmeichler, in Staatsparteien wetterwendisch nach den Umständen. Er ist gerne ein Sklave der Großen, um dadurch ein Tyrann über Geringere zu werden. Die Naivetät, diese edle oder schöne Einfalt, welche das Siegel der Natur und nicht der Kunst auf sich trägt, ist ihm gänzlich fremd. Daher, wenn sein Geschmack ausartet, so wird sein Schimmer schreiend, d.i. auf eine widrige Art prahlend. Er gerät alsdann, sowohl seinem Stil als dem Ausputze nach, in den Gallimathias (das Übertriebene), eine Art Fratzen, die in Ansehung des Prächtigen dasjenige ist, was das Abenteuerliche oder Grillenhafte in Ansehung des Ernsthafterhabenen. In Beleidigungen fällt er alsdann auf Zweikämpfe oder Prozesse und in dem bürgerlichen Verhältnisse auf Ahnen, Vortritt und Titel. So lange er nur noch eitel ist, d.i. Ehre sucht und bemüht ist, in die Augen zu fallen, so kann er noch wohl geduldet werden, allein, wenn, bei gänzlichem Mangel wirklicher Vorzüge und Talente, er aufgeblasen wird, so ist er das, wofür er am mindesten gerne möchte gehalten werden, nämlich ein Narr. (I 844f.)

Der, welcher eine gute Dosis von Phlegma in seiner Mischung hat, wird langsam warm, aber er behält die Wärme länger. Er gerät nicht leicht in Zorn, sondern bedenkt sich erst, ob er nicht zürnen solle; wenn andrerseits der Cholerische rasend werden möchte, daß er den festen Mann nicht aus seiner Kaltblütigkeit bringen kann. Mit einer ganz gewöhnlichen Dosis der Vernunft, aber zugleich diesem Phlegma von der Natur ausgestattet, ohne zu glänzen und doch von Grundsätzen, nicht vom Instinkt ausgehend, hat der Kaltblütige nichts zu bereuen. Sein glückliches Temperament vertritt bei ihm die Stelle der Weisheit, und man nennt ihn selbst im gemeinen Leben oft den Philosophen. Durch dieses ist er anderen überlegen, ohne ihre Eitelkeit zu kränken. Man nennt ihn auch oft durchtrieben; denn alle auf ihn losgeschnellten Ballisten und Katapulten prallen von ihm als einem Wollsack ab. Er ist ein verträglicher Ehemann und weiß sich die Herrschaft über Frau und Verwandte zu verschaffen, indessen daß er scheint, allen zu Willen zu sein, weil er durch seinen unbiegsamen aber überlegten Willen den ihrigen zu dem seinen umzustimmen versteht.

(VI 631)

Der Hypochondrist ist ein Grillenfänger (Phantast) von der kümmerlichsten Art: eigensinnig, sich seine Einbildungen nicht ausreden zu lassen, und dem Arzt immer zu Halse gehend, der mit ihm seine liebe Not hat, ihn auch nicht anders als ein Kind (mit Pillen aus Brotkrumen statt Arzneimitteln) beruhigen kann; und wenn dieser Patient, der vor immerwährendem Kränkeln nie krank werden kann, medizinische Bücher zu Rate zieht, so wird er vollends unerträglich; weil er alle die Übel in seinem Körper zu fühlen glaubt, die er im Buche liest.

(VI 527)

Eine Störung des Verstandes bestehet darin: daß man aus allenfalls richtigen Erfahrungen ganz verkehrt urteilt; und von dieser Krankheit ist der erste Grad der Wahnsinn, welcher in den nächsten Urteilen aus der Erfahrung der gemeinen Verstandesregel entgegen handelt. Der Wahnsinnige siehet oder erinnert sich der Gegenstände so richtig wie jeder Gesunde, nur er deutet gemeiniglich das Betragen anderer Menschen durch einen ungereimten Wahn auf sich aus und glaubet daraus wer weiß was für bedenkliche Absichten lesen zu können, die jenen niemals in den Sinn kommen. Wenn man ihn hört, so sollte man glauben, die ganze Stadt beschäftige sich mit ihm. Die Marktleute, welche mit einander handeln und ihn etwa ansehen, schmieden Anschläge wider ihn, der Nachtwächter rufet ihm zum Possen, und kurz, er siehet nichts als eine allgemeine Verschwörung wider sich. Der Melancholische, welcher in Ansehung seiner traurigen oder kränkenden Vermutungen wahnsinnig ist, ist ein Trübsinniger. Es gibt aber auch allerlei ergötzenden Wahnsinn, und die verliebte Leidenschaft schmeichelt oder quälet sich mit manchen wunderlichen Deutungen, die dem Wahnsinn ähnlich sind. Ein Hochmütiger ist in gewissem Maße ein Wahnsinniger, welcher aus dem Betragen anderer, die ihn spöttisch angaffen, schließt, daß sie ihn bewundern. Der zweite Grad des in Ansehung der oberen Erkenntniskraft gestörten Kopfes ist eigentlich die in Unordnung gebrachte Vernunft, in so ferne sie sich in eingebildeten feineren Urteilen über allgemeine Begriffe auf eine ungereimte Art verirret, und kann der Wahnwitz genannt werden. In dem höheren Grade dieser Störung schwärmen durch das verbrannte Gehirn allerlei angemaßte überfeine Einsichten: die erfundene Länge des Meeres, die Auslegung von Prophezeiungen, oder wer weiß was für ein Mischmasch von unkluger Kopfbrecherei. Wenn der Unglückliche hiebei zugleich die Erfahrungsurteile vorbei geht, so heißet er aberwitzig. In dem Falle aber, daß er viele richtige Erfahrungsurteile zum Grunde liegen habe, nur daß seine Empfindung durch die Neuigkeit und Menge der Folgen, die sein Witz ihm darbietet, dergestalt berauschet ist, daß er nicht mehr auf die Richtigkeit der Verbindung acht hat, so entspringt daraus öfters ein sehr schimmernder Anschein von Wahnwitz, welcher mit einem großen Genie zusammen bestehen kann, in so ferne die langsame Vernunft den empörten Witz nicht mehr zu begleiten vermag. Der Zustand des gestörten Kopfes, der ihn gegen die äußeren Empfindungen fühllos macht, ist Unsinnigkeit; diese, so ferne der Zorn darin herrscht, heißt die Raserei. Die Verzweifelung ist ein vorübergehender Unsinn eines Hoffnungslosen. Die brausende Heftigkeit eines Gestörten heißt überhaupt die Tobsucht. Der Tobsüchtige, in so ferne er unsinnig ist, ist toll. (I 897f.)

Ich habe die Gebrechen der Erkenntniskraft Krankheiten des Kopfes genannt, so wie man das Verderben des Willens eine Krankheit des Herzens nennet. Ich habe auch nur auf die Erscheinungen derselben im Gemüte acht gehabt, ohne die Wurzel derselben ausspähen zu wollen, die eigentlich wohl im Körper liegt und zwar ihren Hauptsitz mehr in den Verdauungsteilen, als im Gehirne haben mag. Ich kann mich so gar auf keinerlei Weise überreden: daß die Störung des Gemüts, wie man gemeiniglich glaubt, aus Hochmut, Liebe, aus gar zu starkem Nachsinnen und wer weiß was für einem Mißbrauch der Seelenkräfte entspringen solle. Dieses Urteil, welches dem Kranken aus seinem Unglücke einen Grund zu spöttischen Vorwürfen macht, ist sehr lieblos und wird durch einen gemeinen Irrtum veranlasset, nach welchem man Ursache und Wirkung zu verwechseln pflegt.

Wenn man nur ein wenig auf die Beispiele acht hat, so wird man gewahr: daß zuerst der Körper leide, daß im Anfange, da der Keim der Krankheit sich unvermerkt entwickelt, eine zweideutige Verkehrtheit gespüret wird, die noch keine Vermutung einer Störung des Gemüts gibt und die sich in wunderlichen Liebesgrillen, oder einem aufgeblasenen Wesen, oder in vergeblichem tiefsinnigem Grübeln äußert. Mit der Zeit bricht die Krankheit aus und gibt Anlaß, ihren Grund in dem nächstvorhergehenden Zustande des Gemüts zu setzen. Man sollte aber vielmehr sagen, der Mensch sei hochmütig geworden, weil er schon in einigem Grade gestört war, als, er sei gestört worden, weil er so hochmütig gewesen ist. Diese traurigen Übel, wenn sie nur nicht erblich sind, lassen noch eine glückliche Genesung hoffen, und derjenige, dessen Beistand man hiebei vornehmlich zu suchen hat, ist der Arzt. Doch möchte ich ehrenhalber den Philosophen nicht gerne ausschließen, welcher die Diät des Gemüts verordnen könnte; nur unter dem Beding, daß er hiefür, wie für seine mehreste andere Beschäftigung, keine Bezahlung fordere. (I 900f.)

Die gelindeste unter allen Abschweifungen über die Grenzlinie des gesunden Verstandes ist das Steckenpferd; eine Liebhaberei, sich an Gegenständen der Einbildungskraft, mit denen der Verstand zur Unterhaltung bloß spielt, als mit einem Geschäfte geflissentlich zu befassen, gleichsam ein beschäftigter Müßiggang. Für alte, sich in Ruhe setzende und bemittelte Leute ist diese, gleichsam in die sorglose Kindheit sich wieder zurückziehende Gemütslage nicht allein als eine die Lebenskraft immer rege erhaltende Agitation der Gesundheit zuträglich, sondern auch liebenswürdig, dabei aber auch belachenswert; so doch, daß der Belachte gutmütig mitlachen kann. (VI 515)

3. Die Kunst der Lebensführung

Das Zeitalter der Gelangung des Menschen zum vollständigen Gebrauch seiner Vernunft kann in Ansehung seiner Geschicklichkeit (Kunstvermögens zu beliebiger Absicht) etwa ins zwanzigste, das in Ansehung der Klugheit (andere Menschen zu seinen Absichten zu brauchen) ins vierzigste, endlich das der Weisheit etwa im sechzigsten anberaumt werden; in welcher letzteren Epoche aber sie mehr negativ ist, alle Torheiten der beiden ersteren einzusehen; wo man sagen kann: »es ist schade, alsdann sterben zu müssen, wenn man nun allererst gelernt hat, wie man recht gut hätte leben sollen«, und wo selbst dieses Urteil noch selten ist; indem die Anhänglichkeit am Leben desto stärker wird, je weniger es, sowohl im Tun als Genießen, Wert hat. (VI 511)

Das Ausfüllen der Zeit durch planmäßig fortschreitende Beschäftigungen, die einen großen beabsichtigten Zweck zur Folge haben, ist das einzige sichere Mittel, seines Lebens froh und dabei doch auch lebenssatt zu werden. (V 556)

Wie steht es mit der Zufriedenheit während dem Leben? – Sie ist dem Menschen unerreichbar: weder in moralischer (mit sich selbst, im Wohlverhalten, zufrieden zu sein) noch in pragmatischer Hinsicht (mit seinem Wohlbefinden, was er sich durch Geschicklichkeit und Klugheit zu verschaffen denkt). Die Natur hat den Schmerz zum Stachel der Tätigkeit in ihn gelegt, dem er nicht entgehen kann, um immer zum Bessern fortzuschreiten, und auch im letzten Augenblicke des Lebens ist die Zufriedenheit mit dem letzten Abschnitte desselben nur komparativ (teils indem wir uns mit dem Lose anderer, teils auch mit uns selbst vergleichen) so zu nennen; nie aber ist sie rein und vollständig. (VI 556f.)

Das gründlichste und leichteste Besänftigungsmittel aller Schmerzen ist der Gedanke, den man einem vernünftigen Menschen wohl anmuten kann: daß das Leben überhaupt, was den Genuß desselben betrifft, der von Glücksumständen abhängt, gar keinen eigenen Wert und nur, was den Gebrauch desselben anlangt, zu welchen Zwecken es gerichtet ist, einen Wert habe, den nicht das Glück, sondern allein die Weisheit dem Menschen verschaffen kann; der also in seiner Gewalt ist. (VI 562)

Ich habe wegen meiner flachen und engen Brust, die für die Bewegung des Herzens und der Lunge wenig Spielraum läßt, eine natürliche Anlage zur Hypochondrie, welche in früheren Jahren bis an den Überdruß des Lebens grenzte. Aber die Überlegung, daß die Ursache dieser Herzbeklemmung vielleicht bloß mechanisch und nicht zu heben sei, brachte es bald dahin, daß ich mich an sie gar nicht kehrte, und während dessen, daß ich mich in der Brust beklommen fühlte, im Kopf doch Ruhe und Heiterkeit herrschte, die sich auch in der Gesellschaft, nicht nach abwechselnden Launen (wie Hypochondrische pflegen), sondern absichtlich und natürlich mitzuteilen nicht ermangelte. Und da man des Lebens mehr froh wird durch das, was man im freien Gebrauch desselben tut, als was man genießt, so können Geistesarbeiten eine andere Art von befördertem Lebensgefühl den Hemmungen entgegen setzen, welche bloß den Körper angehen. Die Beklemmung ist mir geblieben; denn ihre

Ursache liegt in meinem körperlichen Bau. Aber über ihren Einfluß auf meine Gedanken und Handlungen bin ich Meister geworden, durch Abkehrung der Aufmerksamkeit von diesem Gefühle, als ob es mich gar nicht anginge. (VI 379f.)

Ich war vor wenigen Jahren noch dann und wann vom Schnupfen und Husten heimgesucht, welche beide Zufälle mir desto ungelegener waren, als sie sich bisweilen beim Schlafengehen zutrugen. Gleichsam entrüstet über diese Störung des Nachtschlafs entschloß ich mich, was den ersteren Zufall betrifft, mit fest geschlossenen Lippen durchaus die Luft durch die Nase zu ziehen: welches mir anfangs nur mit einem schwachen Pfeifen, und, da ich nicht absetzte oder nachließ, immer mit stärkerem, zuletzt mit vollem und freiem Luftzuge gelang, es durch die Nase zu Stande zu bringen, darüber ich dann sofort einschlief. Was dies gleichsam konvulsivische und mit dazwischen vorfallendem Einatmen (nicht wie beim Lachen ein kontinuiertes stoßweise erschallendes) Ausatmen, den Husten betrifft, vornehmlich den, welchen der gemeine Mann in England den Altmannshusten (im Bette liegend) nennt, so war er mir um so mehr ungelegen, da er sich bisweilen bald nach der Erwärmung im Bette einstellte und das Einschlafen verzögerte. Dieses Husten, welches durch den Reiz der mit offenem Munde eingeatmeten Luft auf den Luftröhrenkopf erregt wird, nun zu hemmen, bedurfte es einer nicht mechanischen (pharmazeutischen), sondern nur unmittelbaren Gemütsoperation: nämlich die Aufmerksamkeit auf diesen Reiz dadurch ganz abzulenken, daß sie mit Anstrengung auf irgend ein Objekt (wie bei krampfhaften Zufällen) gerichtet und dadurch das Ausstoßen der Luft gehemmet wurde, welches mir, wie ich es deutlich fühlete, das Blut ins Gesicht trieb, wobei aber der durch denselben Reiz erregte flüssige Speichel die Wirkung dieses Reizes, nämlich die Ausstoßung der Luft, verhinderte und ein Herunterschlucken dieser Feuchtigkeit bewirkte. Eine Gemütsoperation, zu der ein recht großer Grad des festen Vorsatzes erforderlich, der aber darum auch desto wohltätiger ist. (VI 386ff.)

Ich habe gefunden, daß, da mich nach ausgelöschtem Licht (und eben zu Bette gelegt) auf einmal ein starker Durst anwandelte, den mit Wassertrinken zu löschen ich im Finstern hätte in eine andere Stube gehen und durch Herumtappen das Wassergeschirr suchen müssen, ich darauf fiel, verschiedene und starke Atemzüge mit Erhebung der Brust zu tun und gleichsam Luft durch die Nase zu trinken; wodurch der Durst in wenig Sekunden völlig gelöscht war. Es war ein krankhafter Reiz, der durch einen Gegenreiz gehoben ward. (VI 389)

Ich kann, der Erfahrung an mir selbst gemäß, der Vorschrift nicht beistimmen: »man soll Kopf und Füße warm halten«. Ich finde es dagegen geratener, beide kalt zu halten (wozu die Russen auch die Brust zählen); gerade der Sorgfalt wegen, um mich nicht zu verkälten. – Es ist freilich gemächlicher, im laulichen Wasser sich die Füße zu waschen, als es zur Winterszeit mit beinahe eiskaltem zu tun; dafür aber entgeht man dem Übel der Erschlaffung der Blutgefäße in so weit vom Herzen entlegenen Teilen; welches im Alter oft eine nicht mehr zu hebende Krankheit der Füße nach sich zieht. – Den Bauch, vornehmlich bei kalter Witterung, warm zu halten, möchte eher zur diätetischen Vorschrift, statt der Gemächlichkeit gehören; weil er Gedärme in sich schließt, die einen langen Gang hindurch einen nicht-flüssigen Stoff forttreiben sollen; wozu der sogenannte Schmachtriemen (ein breites den Unterleib haltendes und die Muskeln desselben unterstützendes Band) bei Alten, aber eigentlich nicht der Wärme wegen, gehört. (VI 375f.)

Lange oder (wiederholentlich, durch Mittagsruhe) viel schlafen ist freilich eben so viel Ersparnis am Ungemache, was überhaupt das Leben im Wachen unvermeidlich bei sich führt, und es ist wunderlich genug, sich ein langes Leben zu wünschen, um es größtenteils zu verschlafen. Aber das, worauf es hier eigentlich ankommt, dieses vermeinte Mittel des langen Lebens, die Gemächlichkeit, widerspricht sich in seiner Absicht selbst. Denn das wechselnde Erwachen und wieder Einschlummern, in langen Winternächten, ist für das ganze Nervensystem lähmend, zermalmend und in täuschender Ruhe krafterschöpfend: mithin die Gemächlichkeit hier eine Ursache der Verkürzung des Lebens. – Das Bett ist das Nest einer Menge von Krankheiten. (VI 376)

Was die Türken, nach ihren Grundsätzen der Prädestination, über die Mäßigkeit sagen: daß nämlich im Anfange der Welt jedem Menschen die Portion zugemessen worden, wie viel er im Leben zu essen haben werde, und, wenn er seinen beschiedenen Teil in großen Portionen verzehrt, er auf eine desto kürzere Zeit zu essen, mithin zu sein sich Rechnung machen könne: Das kann in einer Diätetik, als Kinderlehre (denn im Genießen müssen auch Männer von Ärzten oft als Kinder behandelt werden), auch zur Regel dienen: nämlich daß jedem Menschen von Anbeginn her vom Verhängnisse seine Portion Schlaf zugemessen worden und der, welcher von seiner Lebenszeit in Mannsjahren zu viel (über das Dritteil) dem Schlafen eingeräumt hat, sich nicht eine lange Zeit zu schlafen, d.i. zu leben und alt zu werden, versprechen darf. (VI 380)

Allein zu essen ist für einen philosophierenden Gelehrten ungesund; nicht Restauration, sondern (vornehmlich wenn es gar einsames Schwelgen wird) Exhaustion; erschöpfende Arbeit, nicht belebendes Spiel der Gedanken. Der genießende Mensch, der im Denken während der einsamen Mahlzeit an sich selbst zehrt, verliert allmählich die Munterkeit, die er dagegen gewinnt, wenn ein Tischgenosse ihm durch seine abwechselnden Einfälle neuen Stoff zur Belebung darbietet; welchen er selbst nicht hat ausspüren dürfen. (VI 619f.)

Der Tobak (er werde geraucht oder geschnupft) ist zunächst mit einer unangenehmen Empfindung verbunden. Aber gerade dadurch, daß die Natur (durch Absonderung eines Schleims des Gaumens oder der Nase) diesen Schmerz augenblicklich aufhebt, wird er (vornehmlich der erstere) zu einer Art von Gesellschaft, durch Unterhaltung und immer neue Erweckung der Empfindungen und selbst der Gedanken; wenn diese gleich hiebei nur herumschweifend sind. (VI 552f.)

Im Alter sich zu pflegen oder pflegen zu lassen, bloß um seine Kräfte, durch die Vermeidung der Ungemächlichkeit (z. B. des Ausgehens in schlimmem Wetter) oder überhaupt die Übertragung der Arbeit an andere, die man selbst verrichten könnte, zu schonen, so aber das Leben zu verlängern, diese Sorgfalt bewirkt gerade das

Widerspiel, nämlich das frühe Altwerden und Verkürzung des Lebens. (VI 376)

Arbeit und Ruhe, Stadt- und Landleben, im Umgange Unterredung und Spiel, in der Einsamkeit Unterhaltung, bald mit Geschichten, bald mit Gedichten, einmal mit Philosophie und dann mit Mathematik, stärken das Gemüt. (VI 460)

Übrigens ist das Philosophieren, ohne darum eben Philosoph zu sein, auch ein Mittel der Abwehrung mancher unangenehmer Gefühle und doch zugleich Agitation des Gemüts, welches in seine Beschäftigung ein Interesse bringt, das von äußern Zufälligkeiten unabhängig und eben darum, obgleich nur als Spiel, dennoch kräftig und inniglich ist und die Lebenskraft nicht stocken läßt. Dagegen Philosophie, die ihr Interesse am Ganzen des Endzwecks der Vernunft (der eine absolute Einheit ist) hat, ein Gefühl der Kraft bei sich führt, welches die körperlichen Schwächen des Alters in gewissem Maße durch vernünftige Schätzung des Werts des Lebens wohl vergüten kann. (VI 377)

Einem Gelehrten ist das Denken ein Nahrungsmittel, ohne welches, wenn er wach und allein ist, er nicht leben kann; jenes mag nun im Lernen (Bücherlesen) oder im Ausdenken (Nachsinnen und Erfinden) bestehen. Aber beim Essen oder Gehen sich zugleich angestrengt mit einem bestimmten Gedanken beschäftigen, Kopf und Magen oder Kopf und Füße mit zwei Arbeiten zugleich belästigen, davon bringt das eine Hypochondrie, das andere Schwindel hervor. (VI 385)

4. Die Kunst der Erziehung

Der Mensch ist das einzige Geschöpf, das erzogen werden muß. (VI 697)

Der Mensch kann nur Mensch werden durch Erziehung. Er ist nichts, als was die Erziehung aus ihm macht. (VI 699)

Gute Erziehung ist das, woraus alles Gute in der Welt entspringt. (VI 704f.)

Es liegen viele Keime in der Menschheit, und nun ist es unsere Sache, die Naturanlagen proportionierlich zu entwickeln und die Menschheit aus ihren Keimen zu entfalten und zu machen, daß der Mensch seine Bestimmung erreiche. (VI 701)

Der Mensch soll seine Anlagen zum Guten erst entwikkeln; die Vorsehung hat sie nicht schon fertig in ihn gelegt; es sind bloße Anlagen und ohne den Unterschied der Moralität. Sich selbst besser machen, sich selbst kultivieren und, wenn er böse ist, Moralität bei sich hervorbringen, das soll der Mensch. Wenn man das aber reiflich überdenkt, so findet man, daß dieses sehr schwer sei. Daher ist die Erziehung das größeste Problem und das schwerste, was dem Menschen kann aufgegeben werden. Denn Einsicht hängt von der Erziehung, und Erziehung hängt wieder von der Einsicht ab. Daher kann die Erziehung auch nur nach und nach einen Schritt vorwärts tun und nur dadurch, daß eine Generation ihre Erfahrungen und Kenntnisse der folgenden überliefert, diese wieder etwas hinzu tut und es so der folgenden übergibt, kann ein richtiger Begriff von der Erziehungsart entspringen. (VI 702f.)

Eines der größesten Probleme der Erziehung ist, wie man die Unterwerfung unter den gesetzlichen Zwang mit der Fähigkeit, sich seiner Freiheit zu bedienen, vereinigen könne. Denn Zwang ist nötig! Wie kultiviere ich die Freiheit bei dem Zwange? Ich soll meinen Zögling gewöhnen, einen Zwang seiner Freiheit zu dulden, und soll ihn selbst zugleich anführen, seine Freiheit gut zu gebrauchen. Ohne dies ist alles bloßer Mechanism, und der der Erziehung Entlassene weiß sich seiner Freiheit nicht zu bedienen. (VI 711)

Das Kind, welches sich nur eben dem mütterlichen Schoße entwunden hat, scheint, zum Unterschiede von allen andern Tieren, bloß deswegen mit lautem Geschrei in die Welt zu treten, weil es sein Unvermögen, sich seiner Gliedmaßen zu bedienen, für Zwang ansieht und so seinen Anspruch auf Freiheit (wovon kein anderes Tier eine Vorstellung hat) sofort ankündigt. (VI 603)

Das Windeln findet bei rohen Völkern gar nicht statt. Die wilden Nationen in Amerika z.E. machen für ihre jungen Kinder Gruben in die Erde, streuen sie mit dem Staube von faulen Bäumen aus, damit der Urin und die Unreinigkeiten der Kinder sich darein ziehen und die Kinder also trocken liegen mögen, und bedecken sie mit Blättern; übrigens aber lassen sie ihnen den freien Gebrauch ihrer Glieder. Es ist auch bloß Bequemlichkeit von uns, daß wir die Kinder wie Mumien einwickeln, damit wir nur nicht Acht geben dürfen darauf, daß sich die Kinder nicht verbiegen, und oft geschieht es dennoch eben durch das Windeln. Auch ist es den Kindern selbst ängstlich, und sie geraten dabei in eine Art von Verzweiflung, da sie ihre Glieder gar nicht brauchen können. Da meint man denn ihr Schreien durch bloßes Zurufen stillen zu können. Man wickle aber nur einmal einen großen Menschen ein und sehe doch, ob er nicht auch schreien und in Angst und Verzweiflung geraten werde. (VI 716)

Man bedient sich gewöhnlich, um die Kinder gehen zu lehren, des Leitbandes und Gängelwagens. Es ist doch auffallend, daß man die Kinder das Gehen lehren will, als wenn irgend ein Mensch aus Mangel des Unterrichtes nicht hätte gehen können. Die Leitbänder sind besonders sehr schädlich. Ein Schriftsteller klagte einst über Engbrüstigkeit, die er bloß dem Leitbande zuschrieb. Denn da ein Kind nach allem greift und alles von der Erde aufhebt, so legt es sich mit der Brust in das Leitband. Da die Brust aber noch weich ist, so wird sie platt gedrückt und behält nachher auch diese Form. Die Kinder lernen bei dergleichen Hilfsmitteln auch nicht so sicher gehen, als wenn sie dies von selbst lernen. Am besten ist es, wenn man sie auf der Erde herumkriechen läßt, bis sie nach und nach von selbst anfangen zu gehen. Zur Vorsicht kann man die Stube mit wollenen Decken ausschlagen, damit sie sich nicht Splitter einreißen, auch nicht so hart fallen. (VI 719)

Kinder sollen nicht dem gegenwärtigen, sondern dem zukünftig möglichen bessern Zustande des menschlichen Geschlechts, das ist: der Idee der Menschheit und deren ganzer Bestimmung angemessen, erzogen werden. Dieses Prinzip ist von großer Wichtigkeit. Eltern erziehen gemeiniglich ihre Kinder nur so, daß sie in die gegenwärtige Welt, sei sie auch verderbt, passen. Sie sollten sie aber besser erziehen, damit ein zukünftiger besserer Zustand dadurch hervorgebracht werde.

(VI 704)

Mit dem Dressieren ist es noch nicht ausgerichtet, sondern es kommt vorzüglich darauf an, daß Kinder denken lernen. Das geht auf die Prinzipien hinaus, aus denen alle Handlungen entspringen. (VI 707)

Das Kind soll spielen, es soll Erholungsstunden haben, aber es muß auch arbeiten lernen. (VI 729)

Es ist von der größesten Wichtigkeit, daß Kinder arbeiten lernen. Der Mensch ist das einzige Tier, das arbeiten muß. Durch viele Vorbereitungen muß er erst dahin kommen, daß er etwas zu seinem Unterhalte genießen kann. (VI 730)

So wäre es z.B. wohl möglich, daß das Kind von selbst schreiben lernte. Denn jemand hat es doch einmal erfunden, und die Erfindung ist auch nicht so sehr groß. Man dürfte nur, z.E. wenn das Kind Brot will, sagen: Kannst du es auch wohl malen? Das Kind würde dann eine ovale Figur malen. Man dürfte ihm dann nur sagen, daß man nun doch nicht wisse, ob es Brot oder einen Stein vorstellen solle: so würde es nachher versuchen, das B zu bezeichnen usw., und so würde sich das Kind mit der Zeit sein eignes ABC erfinden, das es nachher nur mit andern Zeichen vertauschen dürfte. (VI 720)

Kinder müssen auch offenherzig sein und so heiter in ihren Blicken, wie die Sonne. Das fröhliche Herz allein ist fähig, Wohlgefallen am Guten zu empfinden. (VI 745)

Man muß dahin sehen, daß der Zögling aus eignen Maximen, nicht aus Gewohnheit, gut handle, daß er nicht bloß das Gute tue, sondern es darum tue, weil es gut ist. Denn der ganze moralische Wert der Handlungen besteht in den Maximen des Guten. (VI 735)

Die Ehrfurcht und Achtung für das Recht der Menschen muß dem Kinde schon sehr frühe beigebracht werden, und man muß sehr darauf sehen, daß es dieselben in Ausübung bringe; z.E. wenn ein Kind einem andern ärmeren Kinde begegnet und es dieses stolz aus dem Wege oder von sich stößet, ihm einen Schlag gibt usw., so muß man nicht sagen: Tue das nicht, es tut dem andern wehe; sei doch mitleidig! es ist ja ein armes Kind usw., sondern man muß ihm selbst wieder eben so stolz und fühlbar begegnen, weil sein Benehmen dem Rechte der Menschheit zuwider war. (VI 750)

5. Das Frauenzimmer

Der Mann ist leicht zu erforschen, die Frau verrät ihr Geheimnis nicht; obgleich anderer ihres (wegen ihrer Redseligkeit) schlecht bei ihr verwahrt ist. (VI 649)

Derjenige, so zuerst das Frauenzimmer unter dem Namen des schönen Geschlechts begriffen hat, kann vielleicht etwas Schmeichelhaftes haben sagen wollen, aber er hat es besser getroffen, als er wohl selbst geglaubt haben mag. Denn, ohne in Erwägung zu ziehen, daß ihre Gestalt überhaupt feiner, ihre Züge zärter und sanfter, ihre Miene im Ausdrucke der Freundlichkeit, des Scherzes und der Leutseligkeit bedeutender und einnehmender ist, als bei dem männlichen Geschlecht, ohne auch dasjenige zu vergessen, was man für die geheime Zauberkraft abrechnen muß, wodurch sie unsere Leidenschaft zum vorteilhaften Urteile für sie geneigt machen, so liegen vornehmlich in den Gemütscharakteren dieses Geschlechts eigentümliche Züge, die es von dem unseren deutlich unterscheiden und die darauf hauptsächlich hinauslaufen, sie durch das Merkmal des Schönen kenntlich zu machen. (I 850)

Das Frauenzimmer hat ein angebornes stärkeres Gefühl für alles, was schön, zierlich und geschmückt ist. Schon in der Kindheit sind sie gerne geputzt und gefallen sich, wenn sie geziert sind. Sie sind reinlich und sehr zärtlich in Ansehung alles dessen, was Ekel verursacht. Sie lieben den Scherz und können durch Kleinigkeiten, wenn sie nur munter und lachend sind, unterhalten werden. Sie haben sehr früh ein sittsames Wesen an sich, wissen sich einen feinen Anstand zu geben und besitzen sich selbst; und dieses in einem Alter, wenn unsere wohlerzogene männliche Jugend noch unbändig, tölpisch und verlegen ist. Sie haben viel teilnehmende Empfindungen, Gutherzigkeit und Mitleiden, ziehen das Schöne dem Nützlichen vor und werden den Überfluß des Unterhalts gerne in Sparsamkeit verwandeln, um den Aufwand auf das Schimmernde und den Putz zu unterstützen. Sie sind von sehr zärtlicher Empfindung in Ansehung der mindesten Beleidigung und überaus fein, den geringsten Mangel der Aufmerksamkeit und Achtung gegen sie zu bemerken. Kurz, sie enthalten in der menschlichen Natur den Hauptgrund der Abstechung der schönen Eigenschaften mit den edelen und verfeinern selbst das männliche Geschlecht. (I 851)

Was den etwas feineren Geschmack anlangt, um dessentwillen es nötig sein möchte, einen Unterschied unter den äußerlichen Reizen des Frauenzimmers zu machen, so ist derselbe entweder auf das, was in der Gestalt und dem Ausdrucke des Gesichts moralisch ist, oder auf das Unmoralische geheftet. Ein Frauenzimmer wird in Ansehung der Annehmlichkeiten von der letzteren Art hübsch genannt. Ein proportionierlicher Bau, regelmäßige Züge, Farben von Auge und Gesicht, die zierlich abstechen, lauter Schönheiten, die auch an einem Blumenstrauße gefallen und einen kalten Beifall erwerben. Das Gesicht selber sagt nichts, ob es gleich hübsch ist, und redet nicht zum Herzen. Was den Ausdruck der Züge, der Augen und der Mienen anlangt, der moralisch ist, so geht er entweder auf das Gefühl des Erhabenen, oder des Schönen. Ein Frauenzimmer, an welchem die Annehmlichkeiten, die ihrem Geschlecht geziemen, vornehmlich den moralischen Ausdruck des Erhabenen hervorstechen lassen, heißt schön im eigentlichen Verstande, diejenige, deren moralische Zeichnung, so ferne sie in den Mienen oder Gesichtszügen sich kennbar macht, die Eigenschaften des Schönen ankündigt, ist annehmlich, und, wenn sie es in einem höhern Grade ist, reizend. Die erstere läßt unter einer Miene von Gelassenheit und einem edlen Anstande den Schimmer eines schönen Verstandes aus bescheidenen Blicken hervorspielen, und, indem sich in ihrem Gesicht ein zärtlich Gefühl und wohlwollendes Herz abmalt, so bemächtigt sie sich sowohl der Neigung als der Hochachtung eines männlichen Herzens. Die zweite zeiget Munterkeit und Witz in lachenden Augen, etwas feinen Mutwillen, das Schäkerhafte der Scherze und schalkhafte Sprödigkeit. Sie reizt, wenn die erstere rührt, und das Gefühl der Liebe, dessen sie fähig ist und welche sie anderen einflößt, ist flatterhaft, aber schön, dagegen die Empfindung der ersteren zärtlich, mit Achtung verbunden und beständig ist.

(I 860)

Die Tugend des Frauenzimmers ist eine schöne Tugend. Die des männlichen Geschlechts soll eine edele Tugend sein. Sie werden das Böse vermeiden, nicht weil es unrecht, sondern weil es häßlich ist, und tugendhafte Handlungen bedeuten bei ihnen solche, die sittlich schön sind. Nichts von Sollen, nichts von Müssen, nichts von Schuldigkeit. Das Frauenzimmer ist aller Befehle und alles mürrischen Zwanges unleidlich. Sie tun etwas nur darum, weil es ihnen so beliebt, und die Kunst besteht darin, zu machen, daß ihnen nur dasjenige beliebe, was gut ist. Ich glaube schwerlich, daß das schöne Geschlecht der Grundsätze fähig sei, und ich hoffe dadurch nicht zu beleidigen, denn diese sind auch äußerst selten beim männlichen. Dafür aber hat die Vorsehung in ihren Busen gütige und wohlwollende Empfindungen, ein feines Gefühl für Anständigkeit und eine gefällige Seele gegeben. Man fordere ja nicht Aufopferungen und großmütigen Selbstzwang. Selbst viele von ihren Schwachheiten sind so zu reden schöne Fehler. Beleidigung oder Unglück bewegen ihre zarte Seele zur Wehmut. Der Mann muß niemals andre als großmütige Tränen weinen. Die, so er in Schmerzen oder über Glücksumstände vergießt, machen ihn verächtlich. Die Eitelkeit, die man dem schönen Geschlechte so vielfältig vorrückt, wofern sie ja an demselben ein Fehler ist, so ist sie nur ein schöner Fehler. Denn zu geschweigen, daß die Mannspersonen, die dem Frauenzimmer so gerne schmeicheln, übel daran sein würden, wenn dieses nicht geneigt wäre, es wohl aufzunehmen, so beleben sie dadurch wirklich ihre Reize. Diese Neigung ist ein Antrieb, Annehmlichkeiten und den guten Anstand zu zeigen, ihren munteren Witz spielen zu lassen, imgleichen durch die veränderlichen Erfindungen des Putzes zu schimmern und ihre Schönheit zu erhöhen. (I 854f.)

Die edlen Eigenschaften dieses Geschlechts, welche jedoch niemals das Gefühl des Schönen unkenntlich machen müssen, kündigen sich durch nichts deutlicher und sicherer an als durch die Bescheidenheit, eine Art von edler Einfalt und Naivetät bei großen Vorzügen. Aus derselben leuchtet eine ruhige Wohlgewogenheit und Achtung gegen andere hervor, zugleich mit einem gewissen edlen Zutrauen auf sich selbst und einer billigen Selbstschätzung verbunden, welche bei einer erhabenen Gemütsart jederzeit anzutreffen ist. Indem diese feine Mischung zugleich durch Reize einnimmt und durch Achtung rührt, so stellt sie alle übrigen schimmernden Eigenschaften wider den Mutwillen des Tadels und der

Spottsucht in Sicherheit. Personen von dieser Gemütsart haben auch ein Herz zur Freundschaft, welches an einem Frauenzimmer niemals kann hoch genug geschätzt werden, weil es so gar selten ist und zugleich so überaus reizend sein muß. (I 858f.)

Die Weiblichkeiten heißen Schwächen. Man spaßt darüber; Toren treiben damit ihren Spott, Vernünftige aber sehen sehr gut,daß sie gerade die Hebezeuge sind, die Männlichkeit zu lenken und sie zu jener ihrer Absicht zu gebrauchen. (VI 649)

Ein Frauenzimmer ist darüber wenig verlegen, daß sie gewisse hohe Einsichten nicht besitzt, daß sie furchtsam und zu wichtigen Geschäften nicht auferlegt ist etc. etc., sie ist schön und nimmt ein und das ist genug. Dagegen fordert sie alle diese Eigenschaften am Manne, und die Erhabenheit ihrer Seele zeigt sich nur darin, daß sie diese edlen Eigenschaften zu schätzen weiß, so ferne sie bei ihm anzutreffen sind. Wie würde es sonst wohl möglich sein, daß so viel männliche Fratzengesichter, ob sie gleich Verdienste besitzen mögen, so artige und feine Frauen bekommen könnten. Dagegen ist der Mann viel delikater in Ansehung der schönen Reize des Frauenzimmers. Er ist durch die feine Gestalt desselben, die muntere Naivetät und die reizende Freundlichkeit genugsam schadlos gehalten wegen des Mangels von Büchergelehrsamkeit und wegen anderer Mängel, die er durch seine eigenen Talente ersetzen muß. Eitelkeit und Moden können wohl diesen natürlichen Trieben eine falsche Richtung geben und aus mancher Mannsperson einen süßen Herren, aus dem Frauenzimmer aber eine Pedantin oder Amazone machen, allein die Natur suchet doch jederzeit zu ihrer Ordnung zurückzuführen. (I 866)

Das schöne Geschlecht hat eben so wohl Verstand als das männliche, nur es ist ein schöner Verstand, der unsrige soll ein tiefer Verstand sein, welches ein Ausdruck ist, der einerlei mit dem Erhabenen bedeutet. (I 851)

Mühsames Lernen oder peinliches Grübeln, wenn es gleich ein Frauenzimmer darin hoch bringen sollte, vertilgen die Vorzüge, die ihrem Geschlechte eigentümlich sind, und können dieselbe wohl um der Seltenheit willen zum Gegenstande einer kalten Bewunderung machen, aber sie werden zugleich die Reize schwächen, wodurch sie ihre große Gewalt über das andere Geschlecht ausüben. (I 852)

Was die gelehrten Frauen betrifft: so brauchen sie ihre Bücher etwa so wie ihre Uhr, nämlich sie zu tragen, damit gesehen werde, daß sie eine haben; ob sie zwar gemeiniglich still steht oder nicht nach der Sonne gestellt ist. (VI 654)

Der Inhalt der großen Wissenschaft des Frauenzimmers ist der Mensch und unter den Menschen der Mann. Ihre Weltweisheit ist nicht Vernünfteln, sondern Empfinden. (I 853)

6. Liebe und Ehe

Die Liebe hat überaus viel phantastische Entzückungen. (I 896)

Wer liebt, kann dabei doch wohl noch sehend bleiben; der sich aber verliebt, wird gegen die Fehler des geliebten Gegenstandes unvermeidlich blind; wiewohl der letztere acht Tage nach der Hochzeit sein Gesicht wieder zu erlangen pflegt. (VI 582)

Ein ernstlich Verliebter ist in Gegenwart seiner Geliebten verlegen, ungeschickt und wenig einnehmend. Einer aber, der bloß den Verliebten macht und sonst Talent hat, kann seine Rolle so natürlich spielen, daß er die arme Betrogene ganz in seine Schlingen bringt; gerade darum, weil sein Herz unbefangen, sein Kopf klar und er also im ganzen Besitz des freien Gebrauchs seiner Geschicklichkeit und Kräfte ist, den Schein des Liebenden sehr natürlich nachzumachen. (V 597f.)

Das Weib ist weigernd, der Mann bewerbend; ihre Unterwerfung ist Gunst. (VI 652)

Die Frau will herrschen, der Mann beherrscht sein (vornehmlich vor der Ehe). (VI 652)

Die moralischen Eigenschaften an einem vornehmlich jungen Manne vor der Ehelichung desselben auszuspähen, ist nie die Sache einer Frau. Sie glaubt ihn bessern zu können; eine vernünftige Frau, sagt sie, kann einen verunarteten Mann schon zurechte bringen; in welchem Urteile sie mehrenteils sich auf die kläglichste Art betrogen findet. Dahin gehört auch die Meinung jener Treuherzigen: daß die Ausschweifungen dieses Menschen vor der Ehe übersehen werden können, weil er nun an seiner Frau, wenn er sich nur noch nicht erschöpft hat, hinreichend für diesen Instinkt versorgt sein werde. – Die guten Kinder bedenken nicht: daß die Liederlichkeit in diesem Fache gerade im Wechsel des Genusses besteht und das Einerlei in der Ehe ihn bald zur obigen Lebensart zurückführen werde. (VI 656)

Die Ehe *ist* die Verbindung zweier Personen verschiedenen Geschlechts zum lebenswierigen wechselseitigen Besitz ihrer Geschlechtseigenschaften. – Der Zweck, Kinder zu erzeugen und zu erziehen, mag immer ein Zweck der Natur sein, zu welchem sie die Neigung der Geschlechter gegeneinander einpflanzte; aber daß der Mensch, der sich verehlicht, diesen Zweck sich vorsetzen müsse, wird zur Rechtmäßigkeit dieser seiner Verbindung nicht erfordert; denn sonst würde, wenn das Kinderzeugen aufhört, die Ehe sich zugleich von selbst auflösen. (IV 390)

Wenn Mann und Weib einander ihren Geschlechtseigenschaften nach wechselseitig genießen wollen, so müssen sie sich notwendig verehelichen, und dieses ist nach Rechtsgesetzen der reinen Vernunft notwendig. (IV 390)

Der natürliche Gebrauch, den ein Geschlecht von den Geschlechtsorganen des anderen macht, ist ein Genuß, zu dem sich ein Teil dem anderen hingibt. In diesem Akt macht sich ein Mensch selbst zur Sache, welches dem Rechte der Menschheit an seiner eigenen Person widerstreitet. Nur unter der einzigen Bedingung ist dieses möglich, daß, indem die eine Person von der anderen, gleich als Sache, erworben wird, diese gegenseitig wiederum jene erwerbe; denn so gewinnt sie wiederum sich selbst und stellt ihre Persönlichkeit wieder her. Es ist aber der Erwerb eines Gliedmaßes am Menschen zugleich Erwerbung der ganzen Person – weil diese eine absolute Einheit ist –; folglich ist die Hingebung und Annehmung eines Geschlechts zum Genuß des andern nicht allein unter der Bedingung der Ehe zulässig, sondern auch allein unter derselben möglich. (IV 390f.)

In dem ehelichen Leben soll das vereinigte Paar gleichsam eine einzige moralische Person ausmachen, welche durch den Verstand des Mannes und den Geschmack der Frauen belebt und regiert wird. (I 867)

Das Weib wird durch die Ehe frei; der Mann verliert dadurch seine Freiheit. (VI 656)

Ich würde in der Sprache der Galanterie (doch nicht ohne Wahrheit) sagen: die Frau soll herrschen und der Mann regieren; denn die Neigung herrscht und der Verstand regiert. (VI 657)

Man will auch bemerkt haben: daß mit einander sich wohlvertragende Eheleute nach und nach eine Ähnlichkeit in Gesichtszügen bekommen, und deutet es dahin aus, die Ursache sei, weil sie sich um dieser Ähnlichkeit halber geehlicht haben; welches doch falsch ist. Denn die Natur treibt beim Instinkt der Geschlechter eher zur Verschiedenheit der Subjekte, die sich in einander verlieben sollen, damit alle Mannigfaltigkeit, welche sie in ihre Keime gelegt hat, entwickelt werde; sondern die Vertraulichkeit und Neigung, mit der sie einander in ihren einsamen Unterhaltungen, dicht neben einander, oft und lange in die Augen sehen, bringt sympathetische ähnliche Mienen hervor, die, wenn sie fixiert werden, endlich in stehende Gesichtszüge übergehen. (IV 482f.)

Daß sehr alt Gewordene mehrenteils verehelichte Personen gewesen wären, möchte schwer zu beweisen sein. (VI 376f.)

Hierwider möchte ich doch die Beobachtung anführen: daß unverehelichte (oder jung verwitwete) alte Männer mehrenteils länger ein jugendliches Aussehen erhalten, als verehelichte, welches doch auf eine längere Lebensdauer zu deuten scheint. Sollten wohl die letztern an ihren härteren Gesichtszügen den Zustand eines getragenen Jochs, nämlich das frühere Altwerden, verraten, welches auf ein kürzeres Lebensziel hindeutet? (VI 376f.)

Er liebt den Hausfrieden und unterwirft sich gern ihrem Regiment, um sich nur in seinen Geschäften nicht behindert zu sehen; sie scheut den Hauskrieg nicht, den sie mit der Zunge führt und zu welchem Behuf die Natur ihr

Redseligkeit und affektvolle Beredtheit gab, die den Mann entwaffnet. Er fußt sich auf das Recht des Stärkeren, im Hause zu befehlen, weil er es gegen äußere Feinde schützen soll; sie auf das Recht des Schwächeren: vom männlichen Teile gegen Männer geschützt zu werden, und macht durch Tränen der Erbitterung den Mann wehrlos, indem sie ihm seine Ungroßmütigkeit vorrückt. (VI 649)

Manche Hausfrau hat keine andere innigliche Motion, als das Ausschelten der Kinder und des Gesindes, wie dann auch, wenn sich Kinder und Gesinde nur hiebei geduldig betragen, eine angenehme Müdigkeit der Lebenskraft durch die Maschine sich gleichförmig verbreitet; aber ohne Gefahr ist dieses Mittel doch auch nicht wegen des besorglichen Widerstandes jener Hausgenossen.

(VI 594)

Der Mann ist eifersüchtig, wenn er liebt; die Frau, auch ohne daß sie liebt; weil so viel Liebhaber, als von andern Frauen gewonnen worden, doch ihrem Kreise der Anbeter verloren sind. (VI 654)

Im bürgerlichen Zustande gibt sich das Weib dem Gelüsten des Mannes nicht ohne Ehe weg und zwar die der Monogamie: wo, wenn die Zivilisierung noch nicht bis zur weiblichen Freiheit in der Galanterie (auch andere Männer als den einen öffentlich zu Liebhabern zu haben) gestiegen ist, der Mann sein Weib bestraft, das ihn mit einem Nebenbuhler bedroht. Wenn diese aber zur Mode und die Eifersucht lächerlich geworden ist (wie das dann im Zeitpunkt des Luxus nicht ausbleibt), so entdeckt sich der weibliche Charakter, mit ihrer Gunst gegen Männer auf Freiheit und dabei zugleich auf Eroberung dieses ganzen Geschlechts Anspruch zu machen. Diese Neigung, ob sie zwar, unter dem Namen der Koketterie, in übelem Ruf steht, ist doch nicht ohne einen wirklichen Grund zur Rechtfertigung. Denn eine junge Frau ist doch immer in Gefahr, Witwe zu werden, und das macht, daß sie ihre Reize über alle den Glücksumständen nach ehefähige Männer ausbreitet:; damit, wenn jener Fall sich ereignete, es ihr nicht an Bewerbern fehlen möge. (VI 650)

Eben so wird man auch finden, daß, wenn das verehlichte Weib sichtbarlich Galanterie treibt und ihr Mann gar nicht mehr darauf achtet, sondern sich dafür durch Punsch- und Spielgesellschaft oder andere Buhlerei schadlos hält, nicht bloß Verachtung, sondern auch Haß in den weiblichen Teil übergeht: weil das Weib daran erkennt, daß er nun gar keinen Wert mehr in sie setzt und seine Frau anderen, an demselben Knochen zu nagen, gleichgültig überläßt. (VI 650)

7. Diverse Menschlichkeiten

Man könnte vermuten, daß der menschliche Kopf eigentlich eine Trommel sei, die nur darum klingt, weil sie leer ist. (I 888)

Viele Menschen sind unglücklich, weil sie nicht abstrahieren können. Der Freier könnte eine gute Heirat machen, wenn er nur über eine Warze im Gesicht oder eine Zahnlücke seiner Geliebten wegsehen könnte. Es ist aber eine besondere Unart unseres Attentionsvermögens, gerade darauf, was fehlerhaft an anderen ist, auch unwillkürlich seine Aufmerksamkeit zu heften: seine Augen auf einen dem Gesicht gerade gegenüber am Rock fehlenden Knopf oder die Zahnlücke oder einen angewohnten Sprachfehler zu richten und den anderen dadurch zu verwirren, sich selbst aber auch im Umgange das Spiel zu verderben. (VI 413)

Die offene Art, sich zu erklären, an einem der Mannbarkeit sich nähernden Mädchen oder einem mit der städtischen Manier unbekannten Landmann erweckt, durch die Unschuld und Einfalt (die Unwissenheit in der Kunst zu scheinen), ein fröhliches Lachen bei denen, die in dieser Kunst schon geübt und gewitzigt sind. Nicht ein Auslachen mit Verachtung: denn man ehrt doch hiebei im Herzen die Lauterkeit und Aufrichtigkeit; sondern ein gutmütiges liebevolles Belachen der Unerfahrenheit in der bösen, obgleich auf unsere schon verdorbene Menschennatur gegründeten, Kunst zu scheinen, die man eher beseufzen als belachen sollte, wenn man sie mit der Idee einer noch unverdorbenen Natur vergleicht.

(VI 414f.)

Das sind auch nicht immer die schlechtesten Menschen, die störrisch sind. (VI 743)

Nötigt einen, der im Zorn zu euch ins Zimmer tritt, um euch in heftiger Entrüstung harte Worte zu sagen, höflich, sich zu setzen; wenn es euch hiemit gelingt, so wird sein Schelten schon gelinder; weil die Gemächlichkeit des Sitzens eine Abspannung ist, welche mit den drohenden Gebärdungen und dem Schreien im Stehen sich nicht wohl vereinigen läßt. (VI 581)

Lachen ist männlich, Weinen dagegen weiblich (beim Manne weibisch), und nur die Anwandlung zu Tränen, und zwar aus großmütiger, aber ohnmächtiger Teilnehmung am Leiden anderer, kann dem Mann verziehen werden, dem die Träne im Auge glänzt, ohne sie in Tropfen fallen zu lassen, noch weniger sie mit Schluchzen zu begleiten und so eine widerwärtige Musik zu machen. (VI 585f.)

Das Weinen, ein mit Schluchzen geschehenes (konvulsivisches) Einatmen, wenn es mit Tränenguß verbunden ist, ist, als ein schmerzlinderndes Mittel, gleichfalls eine Vorsorge der Natur für die Gesundheit, und eine Witwe, die, wie man sagt, sich nicht will trösten lassen, d.i. die Ergießung der Tränen nicht gehindert wissen will, sorgt, ohne es zu wissen oder eigentlich zu wollen, für ihre Gesundheit. (VI 595)

Es ist niemals aus den Augen zu lassen: daß, in welcher Art es auch sei, man keine sehr hohen Ansprüche an die

Glückseligkeiten des Lebens und die Vollkommenheit der Menschen machen müsse; denn derjenige, welcher jederzeit nur etwas Mittelmäßiges erwartet, hat den Vorteil, daß der Erfolg selten seine Hoffnung widerlegt, dagegen bisweilen ihn auch wohl unvermutete Vollkommenheiten überraschen. (I 864)

Wir dürfen uns nicht einander lästig werden; die Welt ist groß genug für uns alle. (VI 728)

IMMANUEL KANT

Nachwort

Der Gedanke, zum 250. Geburtstag Immanuel Kants am 22. April 1974 ein Kant-Brevier herauszugeben, stammt von Dr. Siegfried Unseld, dem Inhaber des Suhrkamp- und des Insel-Verlages. Ich habe die Anregung gerne aufgegriffen, da mir darin eine gute Möglichkeit zu liegen scheint, diesen Denker auch über den engeren Kreis der Fachgelehrten hinaus nicht nur dem Namen nach bekannt zu machen. Sollte das Buch diesen Zweck erfüllen, dann durfte es freilich nicht ein Sammelsurium von Aussprüchen Kants über diverse Dinge sein, sondern mußte die wesentlichen Aspekte des Kantischen Denkens so darstellen, daß der jeweilige Gedanke in seiner inneren Entwicklung zum Ausdruck kommt. Demgemäß versuchen die einzelnen Abschnitte, je unter einem Generalthema den Bogen nachzuzeichnen, den das Denken Kants schlägt. So will das Buch eine Einführung in Kant darstellen, die zwar ein intensives Studium der Werke dieses Denkers nicht ersetzen kann, die aber vielleicht den, der Kant bisher ferne gestanden hat, dazu veranlassen kann. Aber auch wer nicht die Zeit aufwenden kann, die eine ernsthafte Beschäftigung mit einem so schwierigen Philosophen erfordert, wird doch aus den gegebenen Zitaten, die auch unter dem Gesichtspunkt der Verständlichkeit ausgewählt worden sind, ein Bild vom Denken Immanuel Kants erhalten können.

Zugrunde gelegt wurde: Immanuel Kant, Werke in sechs Bänden, herausgegeben von Wilhelm Weischedel, Insel-Verlag, Wiesbaden und Frankfurt/Main, und Wissenschaftliche Buchgemeinschaft, Darmstadt, 1956ff. Die römischen Ziffern bezeichnen die Bandzahlen, die arabischen Ziffern die Seitenzahlen. Die gleichen Seitenzahlen finden sich auch in den Paperback-Ausgaben der beiden

Verlage von 1968, nur daß dort die Bände teils durchgängig, teils vorwiegend in Halbbände aufgeteilt worden sind. Wer andere Ausgaben zur Verfügung hat, wird mit Nutzen das Buch: Norbert Hinske und Wilhelm Weischedel, Kant-Seitenkonkordanz, Wissenschaftliche Buchgesellschaft, Darmstadt 1970, heranziehen können.

Die Texte sind im allgemeinen unverändert aus der angegebenen Ausgabe übernommen worden. Lediglich die Satzzeichen und einige Wortendungen wurden noch mehr als dort dem modernen Sprachgebrauch angeglichen. Gelegentlich wurden auch in Anmerkungen angegebene kleinere Varianten in den Text aufgenommen. In einigen wenigen Fällen wurden aus Gründen der Lesbarkeit einzelne Sätze syntaktisch geringfügig verändert. Die neu eingesetzten Worte sind durch Kursiv-Druck gekennzeichnet worden. Dagegen wurde um des Schriftbildes willen darauf verzichtet, Auslassungen im Text durch Punkte zu kennzeichnen; es ist ja nicht anzunehmen, daß ein Kant-Brevier zur Grundlage von Zitaten in streng wissenschaftlichen Werken benutzt wird.

Wilhelm Weischedel

Bildnachweis

Seite 9
Immanuel Kant. Zeichnung von Veit Hans Schnorr von Carolsfeld. Königsberg, 1760. (Historia-Photo)

Seite 55
Titelseite zur Erstausgabe der »Kritik der reinen Vernunft«. Riga, Hartknoch, 1781. (Archiv für Kunst und Geschichte)

Seite 107
Kant. Miniatur von Friedrich Wilhelm Senewaldt, 1786. (Archiv für Kunst und Geschichte)

Seite 133
Silhouette Kants auf einem Albumblatt aus dem Jahre 1788 für Pfarrer Stein in Juditten. (Staatsbibliothek Berlin)

Seite 149
Kant. Stich von C. Townley nach M. S. Lowe, 1789. (Archiv für Kunst und Geschichte)

Seite 181
Kant. Zeichnung in Schattenrißmanier von Puttrich um 1798. (Archiv für Kunst und Geschichte)

Seite 227
Kant. Kupferstich von S. F. Bause nach Veit Hans Schnorr von Carolsfeld, 1791. (Archiv für Kunst und Geschichte)

Wir danken den Archiven für die freundlich erteilte Abdruckgenehmigung.

Inhalt

Kant Brevier it 61

Marie Luise Kaschnitz:
Eisbären it 4

Erhart Kästner:
Die Lerchenschule
it 57

Erhart Kästner:
Ölberge –
Weinberge it 55

Erhart Kästner:
Die Stundentrommel
vom heiligen Berg
Athos it 56

Kropotkin:
Memoiren eines
Revolutionärs it 21

Choderlos de Laclos:
Schlimme
Liebschaften it 12

García Lorca:
Die dramatischen
Dichtungen it 3

Märchen deutscher
Dichter it 13

Majakowski:
Werke I it 16
Werke II it 53

Mirabeau:
Der gelüftete Vorhang
it 32

Mordillo:
Das Giraffenbuch
it 37

Christian Morgenstern:
Alle Galgenlieder it 6

Mutter Gans it 28

Die Nibelungen it 14

Orbis Pictus it 9

Polaris I it 30

Rainer Maria Rilke:
Das Buch der Bilder
it 26

Rainer Maria Rilke:
Geschichten vom
lieben Gott it 43

Rainer Maria Rilke:
Neue Gedichte it 49

Rainer Maria Rilke:
Das Stunden-Buch it 2

Rainer Maria Rilke:
Leben und Werk
im Bild it 35

Lou Andreas-
Salomé:
Lebensrückblick it 54

Walter Schmögner:
Das Drachenbuch
it 10

Walter Schmögner:
Das unendliche Buch it 40

Sophokles:
König Ödipus it 15

Robert Louis Stevenson:
Die Schatzinsel it 65

Jonathan Swift:
Gullivers Reisen it 58

Tolstoj:
Die großen
Erzählungen it 18

Iwan Sergejewitsch
Turgenjew:
Väter und Söhne it 64

Voltaire:
Candide it 11

Robert Walser:
Fritz Kochers Aufsätze
it 63

Das Weihnachtsbuch it 46

Oscar Wilde:
Die Erzählungen und
Märchen it 5

Heinrich Zimmer:
Yoga und Buddhismus
it 45